歲
/세월/
月

머리말

 일흔 중반의 나이 되도록 실무에서 일을 할 수 있었음이 참 감사하고 또 감사하다. 평생을 몸담아 일해왔던 사업체의 후계자를 정하는 과정에서 가치관이 너무나 다른 후계자와의 갈등 때문에 힘든 시간을 보내야 했고, 은퇴는 나의 마음을 공허하게 하였다. 마음을 추스르고 평안을 찾고자 무엇인가 해야 한다는 생각에 '지나온 세월을 정리해야지'라고 생각하게 되었다. 인생이 어떻게 사느냐에 따라 사람마다 삶에서 느끼는 생각이 다를 수는 있겠지만, 세상은 참 아름다운 곳이라는 생각을 우선 해본다.

 그러나 삶에 있어서 세상은 결코 공평하지 않다는 생각도 하게 된다. 삶의 저 밑바닥에는 곳곳에 善惡(선악)의 心性(심성)이 깔려 있고 부조리가 숨어 있다. 내게는 善(선)이었던 일들이 어떤 사람에게는 惡(악)이 되어 버리는 세상에 우리는 살고 있는 것이다.

 하지만 어쩌면 善惡(선악)이 함께 존재하기 때문에 삶이 지치고 힘들 때가 있어도, 무미건조하지 않고 나름대로 삶의 의미를 찾아가는지도 모르겠다. 惡(악)이 없고 善(선)만 존재한다면 무슨 樂(낙)이 있을 것이며 '무엇으로 幸福을 느낄까?'라는 생각도 드는 것이다. 힘든 일상이 있기에 소소한 것들에서 幸福을 느낄 수 있는 것이 아니겠는가? 한참 세월이 흐르고 나면 평범했던 일상은 기억에 없는데, 힘들었던 일들은 기억에 남아 追憶이 되는 것이다. 가볍게, 크게 다툼을 하면서도 친분하며, 교제하며, 틀어지며 사는 세상이 참 신기하기도 한 것이다.

세상은 결코 녹록하지가 않다. 사람들은 그들이 지켜야 할 세상적인 규범이 있음에도 법을 요리조리 피하면서 가면을 쓴 모습으로 살아간다. 자신들의 잘못은 조금의 인지도 없이 세상의 물질 소유에 올인하며 살고 있는 것이다. 모두가 저마다 자기주장이 강한 사람들에 섞이어 그런대로 어우러져 살아가고 있는 세상을 보게 된다. 참 대견한 일이다.

그리고 어느 누구도 자신은 善하지 않는 사람이 없다. 저마다 윤리적 잣대가 다를 뿐이다. 그러함에도 세상의 질서가 유지되는 것은 우리 속에 善이라는 眞理의 씨앗이 깊숙이 있기 때문일 것이다. 法보다 소중한 것이 사람(人)이고 사람보다 소중한 것이 道라 하였는데, 사람들은 이 소중한 道를 외면한 채 세상의 질서를 위하여 만들어진 法을 자신의 잣대로 살아가는 것이다. 道없이 法만 피해 가면 된다는 생각 때문에 자신들이 만들어 놓은 제도 속에서 서로 속고 속이고 사는 것 같다.

우리가 살아온 세대는 모두가 가난했었다. 취업만으로도 감사했고 일밖에 모르는 세대였다. 자신에게 주어진 일을 천직처럼 생각하며 살아온 세대이다. 나는 공기업에 입사하여 건축 분야의 設備設計(설비설계)를 하게 되면서 우직하게 이 분야에서만 무슨 召命(소명)처럼 일을 해 왔다. 이제는 지나온 세월을 所懷(소회)하면서 살며 보고 느끼고 생각했던 斷片(단편)들을 글로 남겨보려고 하는 것이다. 공기업에서 근무를 하였을 때만 해도 세상의 모든 사람은 法(법)이라는 제도 안에서 倫理的(윤리적)인 道(도)를 중하게 여기며 살아가는 것으로 인식하였는데, 막상 부딪쳐 살아 보니 사람들마다 살아가는 倫理的(윤리적) 잣대가 너무나 다름을 보아 왔고, 윤리의식이 강한 나의 기준에서는 삶의 현실이 전쟁터 같다는 생각도 들었다. 삶을 위해서는 가면도 쓰고, 스스로를 포장해야 하는 세상이라는 생각도 드는 것이다. 모두가 명철하고 똑똑하여 자기주장이 강한 지금의 이 혼탁한 세상에서는 中庸(중용)을 잘 지켜나가는 智慧(지혜)가 절실히 요구되는 세상이라는 생각을 하게 된다.

목차

머리말 • 005

PART 01

어떻게 살 것인가?

01 어떤 삶이 사람답게 사는 삶일까? • 013

02 일할 수 있는 축복 • 018

03 나의 의지로 선택된 삶은 없다 • 023

04 당신의 가치관은 무엇입니까? • 027

05 배려 • 032

06 그릇된 결과에 힘들어하지 말라 • 037

07 자존심은 묻어두어라 • 042

08 그냥 순수하게 살아라 • 047

09 지름길은 없다 • 052

10 나는 나대로 산다 • 057

11 내 인생 나도 모르는 거야 • 061

12 사소한 일이란 없다 • 065

13 그냥 사는 일상이 행복이다 • 070

14 내가 나를 사랑하지 않는데, 누가 나를 사랑할까? • 075

15 지금이 소중하다 • 079

16 청년 설비인 들이여 • 084

17 스스로 당당하고 창의하라 • 088

PART 02

세상이 그런 거야

01 人間의 本性이란 무엇일까? • 095
　　　인 간　　본 성
02 容恕 • 099
　　용 서
03 세상이 왜 이래? • 104
04 우물에 갇힌 설비설계용역 • 108
05 힘 있는 자는 입으로 일한다 • 113
06 錢可通神 • 118
　　전 가 통 신
07 속이 꽉 찬 친구 • 122
08 설비설계는 브랜드가 없다 • 127
09 인생 수업료 • 132
10 歲寒然後 知松柏之後彫也니라 • 137
　　세 한 연 후　지 송 백 지 후 조 야
11 세상에 내 편은 아무도 없다 • 142
12 왜 하도업체를 보호하지 않았습니까? • 147
13 사람들은 脫을 쓰고 산다 • 152
　　　　　　　탈
14 將軍 劍 • 157
　　장 군 검
15 세상이 그런 거야 • 162
16 어떤 삶이 지혜롭게 사는 삶일까? • 166
17 가족이 힘이다 • 170

PART 03

느끼며 생각하며

- 01   비무장지대 평화생태공원 • 177
- 02   태백 탄광 지역을 돌아보며 • 181
- 03   청학동에서 율곡 선생을 만나다 • 186
- 04   메멘토 모리 • 191
- 05   내 안에 또 내가 있다 • 196
- 06   살아온 세월은 아름답다 • 200
- 07   胡蝶之夢 (호접지몽) • 204
- 08   잘 지내시죠? • 209
- 09   마음의 여백에 무어든 채워본다 • 214
- 10   보여지는 것이 다가 아니야 • 219
- 11   좁은 문 • 224
- 12   추억의 돌담길 • 228
- 13   장맛비 단상 • 233
- 14   아리랑 가락 구슬픈 정선 소금강 • 237
- 15   戰爭(전쟁) 흔적 그대로의 只心島(지심도) • 242
- 16   나는 지금 어디에 있는가? • 247

맺는말 • 252

PART 01

어떻게
살 것인가?

01
어떤 삶이
사람답게 사는 삶일까?

 약4:14 내일 일을 너희가 알지 못하는도다. 너희 생명이 무엇이냐, 너희는 잠깐 보이다가 없어지는 안개니라.

'사람답게 산다는 것은 어떻게 사는 삶일까?'

보통의 사람들은 이런저런 별다른 생각 없이 세상적인 출세, 성공만을 위하여 그냥 앞만 보며 살아간다. 살면서 일부러 '사람답게 살아야지'라고 의식하며 사는 사람이 있던가. 인생이라는 긴 여정의 출발점에서 초년기에 잘나가는 사람이 노년기까지 행운이 이어지는 것도 아니고, 초년 운이 불운하거나 부진했던 사람이라 해서 나중까지 그러란 법도 없는 것이다. 그 어떤 사람도 어느 순간부터는 복의 은혜가 함께하는 것을 보면, 운명과 사람답게 사는 것에는 어떠한 관계가 있는지 생각하게 한다.

　태어나서 제도권의 틀 안에서 교육을 받고, 자신에게 부족하거나 더 배우고 싶다고 생각하는 분야의 지식을 쌓기 위하여 사교육으로 과외를 받는 등 모두가 자기 나름 노력하고, 큰 꿈을 꾸며 미래를 위한 자산을 만들어 결국은 취업이란 이름으로 사회 각 분야에 진출하게 된다.

　이렇게 한고비를 넘게 되면 대다수의 보통 사람들은 첫 취업의 길이 인생의 목표가 되어 버리고, 소속되어진 분야에 자신의 삶을 의지하며 살게 되는 것이다. 그리고는 각자에게 주어진 크고 작은 일들에 혼신의 힘을 다하면서 때로는 기쁨으로, 때로는 고통과 스트레스를 받으면서 자신의 미래를 한두 번쯤 심각하게 고민하기도 하는 것이리라. 그렇게 그럭저럭 살아가다 보면 어느새 세월은 훌쩍 지나가 버리는 것이 인생이 아니겠는가. 나이 들어 다가올 자신의 모습을 생각할 겨를도 없이 세월은 저만치 흘러버리고 비로소 이제는 은퇴를 해야 하는 나이임을 깨닫게 되는 것이다.

　세상을 산다는 것은 참 만만치 않은 일이다. 우리가 사는 사회 공동체 구성원 모두가 같은 윤리기준으로 서로 배려하는 삶이 이루어진다면 무슨 큰 문제가 있겠냐마는 저마다의 적성이 다르고, 능력이 다르고, 성품이 다르고, 윤리 인식마저 달라서 그 기준이 높은 사람은 그렇지 않은 사람에 비해서 더 살기가 만만치 않은 세상이라는 생각이 드는 것이다. 도덕이 실종된 세상에서 윤리적 잣대가 높은 사람은 경쟁에서 뒤처지는 것 같은 생각을 하게 되고, 반대의 사람들은 그런 것들에 연연치 않고 주변 사람들에게 해를 끼친다는 의식조차 하지 않는다는 말이다. 그렇다 할지라도 우리가 이 세상에 태어난 이상 삶이 힘들더라도, 사는 동안에는 사람답게 살아야 하는 것 아니겠는가.

'어떤 삶이 사람답게 사는 삶일까?'

우선은 그 무엇보다 자신의 인격이 다른 사람으로부터 간섭을 받지 않고 자유하고 싶을 것이다. 반면에 나로 인해서 다른 사람의 인격이 헤쳐지는 일도 없어야 할 것이다. 평범한 일상에서 행복해지고 싶을 것이고, 평안함을 소원할 것이다. 그러나 서로의 자유함도, 행복도, 평안함도 너나없이 질서라는 규범 안에서 자유하여야 할 것이다.

맹자는 '인간에게는 누구나 仁義禮智의 四端이라는 선한 마음이 있다'라고 하였다. 惻隱之心, 羞惡之心, 辭讓之心, 是非之心의 네(사) 가지가 그것이다. 이같이 우리에게는 본성에서 우러나오는 네 가지 마음(四端)이 있는데 이런 마음(四端) 없는 사람은 사람다운 사람이 아니라는 의미로도 해석되어지는 것이다. 四端의 心性이 행위로 나타날 때 비로소 사람의 도리를 다하게 된다는 말이고, 이것이 지켜질 때 사람답게 사는 것이라는 말일 것이다.

옛 성인의 가르침을 오늘을 사는 사람들이 아는지 모르는지는 알수 없으나, 지금 사람들이 생각하는 '사람다운 삶'은 옛 성인의 가르침과는 사뭇 다른 것 같다는 생각이 든다. 주변에 대해 배려하는 모습은 점점 보기 힘들어져 간다. 수단과 방법을 가리지 않고 부를 좇는다. 이웃에는 누가 사는지도 알지 못한다. 언론의 자유, 표현의 자유라는 가면을 쓰고 해야 할 말 하지 말아야 할 말을 거리낌 없이 마음대로 자유분방하게 해댄다. 이렇게 사는 것을 '사람다운 삶'이라고 생각하는 것 같다는 말이다.

지금 우리가 사는 세상에는 싸가지(四端)가 없는 사람들이 너무나 많아, 도덕 윤리가 실종된 것 같아 안타깝다. 사회가 좌우로 분열되어 자신의 주장만이 옳다 하고, 부정부패 청탁도 들키지만 않으면 된다는 생각이 도처에 만연되어 있고, 청소년의 비행을 보게 되어도 나이 많은 어른이 도리어 피해야 하며, 제도권의 학교 선생님이 학생들을 제대로 훈육을 할 수 없어 한다. 그럼에도 우리가 사는 이 사회가 굴러가는 것이 참 신기할 따름이다.

니체는 그의 자유정신에서 '모든 가치평가 기준은 자기 자신이어야 한다'라고 했다. 사람들마다 윤리적 기준이 다른 것이어서 세상은 다양한 의견으로 서로 부딪치기 때문에 분열하는 것이라 하였다. 그래서 사람들이 격식이나 관습을 파괴하는 것일까? 자존심이 높은 사람도, 낮은 사람도 자신을 좋게 평가하면 싫어하지 않는다 하였다. 그렇다, 우리는 상대에 대하여 좋은 점만을 보고 그렇게 대화가 되도록 해야 할 것이다.

우리 모두가 자기 나름대로 열심히 공부하고 높은 스펙을 쌓아서 사회로 진출하였다. 그러나 수년이 지나고 보면 공부 잘하고 우수했던 사람이 반드시 성공하는 것이 아님도 보아 오지 않았는가? 성공했다고 해서 사람답게 살아온 것이 아니다. 성공하지 못한 사람이라 해서 사람답게 살지 못했다고 할 수도 없는 것이다.

공자는 자신이 바르고 난 다음에야 남을 이끌 수 있다고 하였다. 자신이 바르다는 것은 어떠한 의미인가? 비뚤어지거나 굽은 데가 없이 곧거나 반듯하다는 것인데, 이는 지식적인 우위보다는 心性, 人性이 더 소중하다는 것이 아니겠는가.

위선과 교만과 욕망을 버려야 한다고 옛사람들이 말하는 사람답게 사는 것과 오늘을 사는 사람들이 사람답게 사는 모습은 이렇게 다른 것인가? 사람의 도리를 다하며 하나님과 동행하는 삶이 사람답게 사는 삶이 아닐까.

02
일할 수 있는 축복

> 요삼1:2 사랑하는 자여, 네 영혼이 잘됨 같이 네가 범사에 잘되고 강건하기를 내가 간구하노라.

갑자기 낯선 현실이 먹먹한 외로움으로 다가왔다. 생업의 일선에서 물러나 집에 머물러 있으려니 소외된 듯한 공허함을 감당하기가 쉽지 않다. 평생을 조직의 테두리 안에서 직장 공동체의 관계 속에 직원들과의 만남과 거래처와의 만남, 동종업계와의 만남 등 하루아침에 모두가 사라져 버린 느낌이라면 당신은 어떤 생각이 들겠는가? 목표를 정하고, 계획하고, 결단하며 이루려고 노력해 가던 꿈이 며칠 사이에 모두 없어진 것이다. 인생에서 어떤 분야의 일이라 할지라도 자신에게 주어진 것에 무한 감사해야 함은 일이 곧 삶의 근원이고, 眞理이신 하나님이 내게 부여한 것이라고 생각되기 때문이다.

　출애굽기에서 홍해를 건너 가나안 땅을 향하는 이스라엘 백성들은 광야에서 먹을 것과 마실 물이 떨어져 먹고 사는 문제에 불안과 두려움에 떨면서 지도자 모세를 강력하게 원망한다. 이때 여호와 하나님은 이들에게 만나와 메추라기를 내려 주시며 우리들에게 세상을 살아가는데 필요한 육신의 양식과 영적인 양식의 소중함을 알게 하시었다.

　이는 우리들이 이 세상을 살아가기 위해서는 그 어떤 것 보다 먹고 사는 문제가 가장 우선적으로 해결돼야 함을 말해주는 것이다. 육신의 양식은 노력하는 만큼 제공할 터이니 영적인 양식을 소홀히 하지 말 것을 당부하는 가르침일 것이다. 이를 해결하기 위하여 저마다 태어나면서부터 다양한 학습으로 성장되어 자신에게 적합한 일자리를 찾아 다양한 분야에서 모두가 열심히 일하는 것이리라. 일을 한다는 것은 인생에서 먹고 사는 걱정을 더는 일인 것이다.

　오늘의 백세시대는 정년이 되어 일을 손에서 놓고 은퇴를 하게 되면 지금까지 살아온 세월에 비해 앞으로 살아야 할 세월이 너무나 길다. 노후에 대한 아무런 준비가 되어 있지 않은 채 남은 세월을 살아야 한다면 얼마나 슬픈 일이겠는가. 대다수 사람들은 참 열심히 일한다. 그럼에도 사는 동안의 이런저런 사정으로 노후대책이 제대로 준비되지 못하게 되고, 그런 사람들이 너무 많은 것이다.

가끔 누가 나에게 "일에서 그만 손을 놓으시고 이제는 집에서 편히 쉬세요"라고 말하는 것을 들을 때면 그 말을 어떻게 받아들여야 하나 속으로는 당황스럽다. "이제는 쉬엄쉬엄 여행이나 다니시고 취미생활을 하면서 지내십시오"라고 부가적으로 하는 말은 더 충격적으로 다가온다. 어떻게 매일같이 여행을 하고, 매일같이 취미생활만을 할 수 있냐는 말이다. 선한 덕담으로 하는 말일 것이라고 이해는 되지만, '인생을 살면서 내가 할 일이 없다는 것이 얼마나 불행한 것인가?'를 인지하지 못하여 하는 말일 것이다.

나는 삶이란 의미를 2가지로 나누어 생각해 보았다. 하나는 먹고 사는 생존의 문제이고, 또 하나는 건강이 허락하는 때까지 사회적 신분을 유지하며 일을 할 수 있는 축복을 바라는 욕심이 그것이었다. 우리나라는 해방 이후 현대사 과정에서 세계 10위의 경제국이라는 놀라운 성장을 이루었다. 이렇게 풍요로운 환경에서 태어난 지금의 젊은 세대들이 먹고사는 생존의 문제보다는 삶의 질을 더 소중하게 생각하는 것이 부럽기도 하다.

최근 인문학 열풍이 불면서 '나는 누구인가?'라며 삶의 가치, 나의 소중함 등이 강조되면서 인생에서 누구에게나 일어날 수 있는 상황은 받아들이라며 '아모르 파티'를 외치는 프리드리히 니체의 '운명을 사랑하라'는 말이나, '오늘에 충실하라, 최선을 다하라'는 라틴어의

'카르페 디엠'이라는 말이 인터넷 매체를 통해 회자되면서 젊은 직장인들뿐만 아니라 기성의 세대들도 자신의 삶의 질에 대한 가치를 소중하게 생각하는 것을 보게 되면서, 삶의 질을 추구하는 것이 가치 있고 바람직한 일이라는 생각에 동감하게 된다.

그러나 나는 '삶이란?'의 의미를 먹고 사는 생존의 문제에 그 무게의 비중을 더 두고 싶다. 사람들은 저마다 다양한 생각과 가치관으로 살아가겠지만 자신에게 주어진 생명이 우선되어야 한다는 생각이다. 경제가 성해야 일자리가 있는 것이고, 일이 있어야 먹고 사는 문제가 자연스럽게 해결되기 때문이다. 일은 삶 자체이고 자신의 인격이며 생명인 것처럼 수입이 안정되었을 때 삶의 질도 있으니 말이다.

사람들은 은퇴를 하게 되면 특별히 소일거리가 없어 당황하게 되고, 앞으로 남은 인생이 너무나 길어 당황하기도 하며 다시 취업할 일자리를 찾게 된다. 노후 준비가 되어 있는 사람이나 자신의 사업체가 있는 사람들은 정년이 따로 정해진 것이 없기 때문에 참 복 받은 인생이라 할 수 있을 것이다.

나는 전문직으로 작은 설계사무소를 유지해 온 것에 감사한다. 나 나름으로는 좋은 선례를 남겨보자는 취지로, 혼자만의 착각에 빠져 후배에게 사업체를 맡게 하였었다. 나 스스로는 작은 역할과 사회적 신분을 기대하면서 물질보다는 명예를 선택하였다. 그랬던 것이 한

순간 나 자신의 신분을 상실하게 되었고, 내가 선택한 CEO에게 외면을 당한 꼴이 되었다. 건강이 허락할 때까지 사회적 신분을 유지해 보고자 했던 기대가 산산이 부서져 버렸고, 이것이 나의 욕심이고 神의 뜻일 것이라고 체념할 수밖에 없었다. 세상을 산다는 것이 평온한 듯하지만 사회 구성원들 간의 드러나지 않는 속내는 욕망과 욕심들로 부딪치는 소리 없는 전쟁이라는 생각이 들게 하는 것이다.

인류가 사는 세상은 어느 시대를 막론하고 선과 악이 공존하며 어두운 부분이 있게 마련이다. 누구나 더없이 아름답고 선한 모습이지만 어느 누구 가릴 것 없이 선악과를 따먹은 아담의 후예들은 위선적이고 이기적이다. 나 또한 누구에게는 위선일 것이다.

육신의 양식을 얻기에만 매몰되어 영적인 양식에 대해서 생각을 할 겨를도 없이 살아감을 누구도 부인할 수 없을 것이다. 누구나 그럴 것이다. 만일 우리가 살면서 먹지 않아도 굶어 죽지를 않는다면, 이 세상 사람들의 탐욕이, 사는 모습이 어떻게 좀 달라질까? 있을 수 없는 엉뚱한 생각을 해 본다.

03
나의 의지로
선택된 삶은 없다

> 빌2:13　너희 안에서 행하시는 이는 하나님이시니 자기의 기쁘신 뜻을 위하여 너희에게 소원을 두고 행하게 하시나니.

우리는 일상의 순간마다 수많은 선택 속에 살고 있다. 생각하고 행동하는 모두가 순간순간 선택의 연속인 것이다. 칸트는 마음속에 옳다고 믿어 이를 따라 행하고자 하는 순수한 동기에서 나온 의지를 善意志(선의지)라 하였고, 누군가 비윤리적인 요구를 하였을 때 그 요구에 순종한다는 것은 상상도 할 수 없는 것으로, 선의적으로 선택을 하였을 때 그 결과로 자신이 불행해진다 해도 그것에 상관없이 선한 행동을 하는 것은 중요한 것이며, 위선과 거짓으로 돈도 많이 벌고 자신의 욕구를 이루어 큰 이익이 있다 해도 도덕적으로는 절대 허용할 수가 없는 것이라 하였다. 이런 선택들은 자기중심의 선택으로 선의적이지 않은 것이라 하였다.

'선택은 삶의 방향을 결정한다.'

우리는 그 선택이 최선의 길이 되기를 바라는 것이다. 선택의 결과가 인생 전반에 너무나 큰 영향을 준다는 것은 말할 필요도 없다. 때로는 좋은 마음에서 남을 도와주기로 한 선택이 나에게 해가 되는 결과를 초래할 때도 있지만, 어떠한 선택이든 자신의 인생에 축복으로 이어지기를 바라는 것이다.

자기중심적 선택도 우리를 창조한 眞理(진리)의 뜻 안에서 우리에게 소원을 두고 행하게 한다고 하지 않았는가? 내가 말하고자 하는 것은 어떠한 선택이든 침묵 중에 역사하시는 절대 眞理(진리)의 영향이라는 이야기를 하는 것이다.

일선 실무에서 물러나 은퇴한 지금 지나온 세월을 뒤돌아보면, 인생의 주요 전환점마다 내가 계획하고 결심한 삶에서 '나의 의지대로 선택되어진 삶은 없었다'라는 생각을 지울 수가 없다. 형편이 어려워 일반대학은 생각조차 하지 못하고 사관학교를 지원하였을 때 2번씩이나 필기시험에 합격하고도 몸져누워 신검에 참여를 하지 못했고, 대학을 마치고 첫 직장으로 대기업에 취업을 하였을 때도 결핵 소견으로 요양 후 입사라는 명령서를 받았지만 경제적 다급함으로 취업이 절실했던 나로서는 치료를 하면서 직장 생활을 할 수 있는 공기업에 다시 입사를 하게 되었고, 그리고 입사 후 건축기계설비설계 보직을 命 받아 큰 하자 없이 인정도 받고 결핵도 치료를 하게 되었고 누구보다 진급도 빨리 할 수 있었다. 당시 최초의 국내기술 고온수 지역난방 설계에 참여하여 건축설비에 대한 이해를 하게 되고, 이후 최첨단 인텔리전트 업무용 빌딩의 설비설계를 주도적으로 맡아 건물이 건설된 후 본 건물을 관리할 자회사를 설립하게 되었는데, 나는 이 신설 자회사의 기술이사로 명령을 받은 것이다. 공사에서는 본 건물에 대한 설비를 가장 잘 아는 사람은 당신밖에 없으니 "자회사를 잘 부탁한다"라고 했고, 회사에서 나의 의사는 전혀 중요하지 않았다.

　신설회사를 정상화시킨 이후 공사에서 관리 처장이 사장님의 명을 받아 복귀 의사를 물어 왔을 때에도 전달자의 거짓말은 복귀를 거절하는 결과를 초래하였다. 그리고 군 복무 시절에는 대형 폭파 사고가 있은 적이 있었다. 그때도 누군가 폭파 직전에 나를 구해준 이가 있었다. IMF로 회사가 어려움을 겪었을 때에도 "설비설계가 하고 싶은데 애기 엄마라고 어디에서도 받아주지 않는다"라며 찾아온 젊은 애기 엄마를 받아 준 것이 오히려 어려움을 견뎌낼 수 있었던 도움의 손길이 되기도 하였다.

'너희 안에서 행하시는 이는 하나님이시니 자기의 기쁘신 뜻을 위하여 너희에게 소원을 두고 행하게 하시나니' 빌립보서 2:13, '사람이 마음으로 자기 길을 계획할지라도 그의 걸음을 인도하시는 이는 여호와시니라' 잠언 16:9 라고 말씀하시었다. 선택의 갈림길에서 나의 의지와는 다르게 입사하게 된 공기업에서 평생을 건축설비 설계 분야에 종사하며 한 우물만 파온 사람이 되어 있었다.

우리나라의 주택 건축설비 분야의 발전 과정을 보아 오면서 설비설계의 현대화 과정에 몸담아온 이 분야의 전문 설비인으로 단순히 먹고 사는 문제를 해결하기 위하여 열심히 살아온 길이었고, 어느 누구도 알아주지 않는 인생길이었다고 생각하였지만 지나고 보니 이 선택이 소명이었고, 축복이었고, 소중한 길이었다고 믿고 싶은 것이다. 그러니 내 인생의 주요한 선택의 고비마다 '나의 의지대로 선택되어진 것이 없었구나'라는 생각을 지울 수가 없는 것이다.

어떤 선택을 하든 그것은 나의 삶이고 온전한 주체는 나 자신이라고 생각하지만, 인도하신 이는 眞理(진리)의 하나님이라 생각하게 한다. 선택되어진 결과에 대한 불확실성은 우리가 인간답게 만들어지는 과정이라는 생각을 하게 되면서 삶을 주관하시는 眞理(진리)께 감사를 하게 된다.

04
당신의
가치관은 무엇입니까?

> **요8:32** 진리를 알지니 진리가 너희를 자유롭게 하리라.

　세계 여러 나라의 오지를 여행하면서 만난 인연을 서울에 초청하는 TV프로를 보게 되었다. 볼리비아 어느 시골에서 만난 아버지와 두 아들을 서울로 초청하는 영상이었다. 인천공항에서 마중하는 가이드는 우리나라에 거주하는 멕시코 청년인 듯하였다. 서로의 만남이 이루어지고 가이드 청년은 이들에게 묻고 싶은 것이 있으면 말해 보라 하였다. 두 아들 중 작은아이(10세)가 답한다. 지하철이 궁금하다 하였다. 큰아들(14세)은 '감사합니다'가 우리말로 무엇이냐고 물었다.

아버지에게도 궁금한 것이 있으면 물어보라 하였다. 아버지는 한참을 머뭇거리다가 "인생철학이 무엇이라고 생각하느냐"라고 하는 것 같았다. 가이드도 영상을 찍고 있는 촬영기사도 뜻밖의 물음에 다소 당황하는 느낌이었다. 그리고는 가이드가 "당신의 인생관은 무엇입니까?"라고 되물었다. 볼리비아의 이 젊은 아버지가 무슨 생각으로 그런 질문을 하였는지는 알 수 없으나 순간 나도 그 질문이 놀라웠고 나의 인생관, 나의 가치관을 순간 생각해 보았다. 나는 속으로 주저 없이 일생 나를 본능적으로 지배하고 있는 윤리의식을 떠올렸다.

우리가 삶을 살아감에 있어 가치관은 인생의 길잡이라는 생각을 하게 된다. 인생을 살아가는 기준을 나 스스로가 정하여 주체적 존재로서 살아가게 하는 것이라는 생각을 하게 하기 때문인 것이다. 사전적으로는 '인간이 자신을 포함한 어떤 대상에 대하여 부여하는 가치에 관한 견해나 입장으로 무엇이 옳고, 무엇이 좋고 바람직한 것인지를 판단하는 관점'이라고 정의하고 있다. 철학적으로는 '내가 사는 이 세상을 어떻게 볼 것인가?'라는 세계관이나 인생관과도 비슷한 개념인 것이다.

그러면 나의 가치관은 어떠한가? 부정적인가, 긍정적인가? 능동적인가, 수동적인가? 나 자신은 다소 고지식하고 엄한 윤리적인 틀에서 벗어나지 못하는 성격의 소유자라 생각한다. 업무와 관련하여 만나고 교제를 해야 하는 사람들이 청탁도 로비라고 생각하는 것에 나는 이들과 항상 생각이 달랐었고, 때문에 이러한 상황이 스트레스로 다가온 적이 한두 번이 아니었다.

공기업에서 발주하는 설계 감리의 수주 입찰 경쟁과 관련하여 공기업 퇴직자들의 이권 카르텔을 뿌리 뽑겠다는 뉴스를 접하였다. 이 뉴스를 접하면서 순간 반가운 마음이 들었다. 왜 이런 생각을 하였을까?

나는 일생을 설비설계사무소를 운영해 온 사람이다. 설계사무소를 하는 동안에 공사에서 발주된 용역을 한 번도 직접계약을 해 본 적이 없다. 공사 측은 건축사(건축사 사무실)에게만 일괄 계약을 하였고 설비 분야는 건축사로부터 하도급으로 용역을 해야 하였기 때문이다. 건축사는 원청자라는 이유로 설비설계의 용역대가를 저가로 하도하고, 용역 수주를 위한 로비라는 명목으로 비자금을 추가로 요구할 때면 이를 거절하기가 쉽지 않았고, 거절을 하게 되면 그 대가로 거래가 끊어지는 결과를 초래하곤 하였다.

모두가 다 그런 것은 아니었겠지만 상당수의 퇴직자들이 설계나 감리 회사를 설립하여 직접 경영을 하고 있거나, 기존의 메이저급 회사에 영입되어 수주 경쟁을 하는 과정에서 치열한 로비 또는 청탁 행위가 존재함은 짐작할 수 있는 것이다. 이러한 이유 때문이었을까? 내심 불합리한 일들이 바로 잡혀 근절되기를 바랐던 마음이 그렇게 반가운 마음으로 다가왔다고 생각된다.

그러나 이들은 이러한 영입 행위가 공정치 못한 부당한 행위라고 생각하지 않는 듯하다. 죄책감을 전혀 느끼지 못하고 있다는 말이다. 퇴직 이후의 생계 수단으로 먹고살기 위하여 자신에게 주어진 일을 하는 것뿐이라고 생각하는 것이다. 이러한 행태는 여느 분야든 마찬가지일 것이라고 생각한다.

공사에서 설계나 감리 용역 입찰 공고가 뜨게 되면 공사에서는 용역업체를 선정하기 위한 심의위원들을 위촉한다. 그리고 용역업체들은 입찰 참여 여부를 저울질하며 심의위원들을 찾아다니며 자신들의 회사를 로비든 청탁이든 영업 행위를 하는 것이고, 이들 심의위원들의 투표 결과로 용역업체가 정해지는 것이다.

이렇게 정해진 절차에 따라 용역에 참여하는 것이 "왜 이권 카르텔입니까?"라고 당선된 업체들은 정당한 영업 행위의 결과라고 단정하겠지만, 그 외의 업체들은 공사 퇴직자들 또는 기득권세력에 밀려서 입찰에 참여할 수도 없고, 참여해도 좋은 결과를 기대할 수가 없다고 생각하는 것이다. 이렇듯 가치관이라는 것이 인정하기는 싫지만 내가 위치한 사회적 위치나 환경에 따라 다를 수 있는 것이다. 만들어진 환경의 틀 안에서 발버둥을 쳐야 하는 경우가 많다 해야 할 것이다.

지난 세월을 뒤돌아보면 나는 나 자신의 윤리적 가치관이 옳다고 생각하여 왔지만, 내 생각과 다른 그 반대쪽 사람들에게 나는 융통성

없고 고지식한 사람으로만 보여 지는 결과를 가져와 그들의 악이 될 수밖에 없었을 것이다. 이러한 가치관은 쉽게 바뀌지도 않는다. 좀 더 유연해 보려고 의식적으로 마음을 바꾸고자 노력해 보았지만 자존심이라는 색깔로 표출되어 버리는 것이다.

이권 카르텔 근절이 당장 자신의 일로 다가온 설계 감리 용역업체들의 위성법인을 설립해서라도 대처를 해야겠다는 말을 전해 듣는 순간 놀라움을 숨길 수가 없었다. 그들로서는 억울하다 생각되어 그냥 내뱉는 말이기를 바랄 뿐이다. 우리는 일을 해야 살아갈 수가 있다. 돈을 벌기 위하여, 지금보다 더 성장하기 위하여 노력해야 한다. 오늘의 세상은 갑과 을의 위치에 따라 가치관이 다르게 작용하고 있다. 용역을 주고받는 입장에 따라 가치관이 다르게 변하는 것이다. 용역 차체가 보편적인 가치관의 틀 안에서 이루어지기를 바라는 것이다. 나 자신을 소중하게 지켜가는 가치관이 되어야 하는 것이다. 내가 정한 가치관이 나에게 고통을 주기도 하였지만 후회하지는 않는다.

05
배려

> 막12:31 둘째는 이것이니 네 이웃을 네 자신과 같이 사랑하라 하신 것이라. 이보다 더 큰 계명이 없느니라.

　어떤 기업이든 CEO들은 무엇보다 회사에 일거리가 많이 확보되기를 원한다. 일거리가 부가성이 많은 일이라면 더 좋을 것이다. 대부분의 회사들은 영업 부서가 있어 CEO의 방침에 따라 영업을 하는 것이 일반적이지만, 건축설비설계사무소의 설계용역은 원청자로부터 하도급으로 용역을 해야 하기 때문에 대표가 직접 거래처를 찾아 수주 영업을 하는 것이 일반화되어 있다. 규모가 작은 사무소는 더더욱 그러하다. 대표가 전문 엔지니어로서의 본분보다는 거래처를 찾아 방문하고 용역을 수주해야 하는 것이다.

　나의 일상은 출근하자마자 사무실 일을 얼른 챙기기가 바쁘게 건축사 사무실로, 건설사로, 건설 관련 공기업으로 방문일정을 계획하여 외근을 해야 하는 것이었다. 사전에 방문 약속이 되었을 때는 그나마 발걸음이 한결 가볍다. 용역이 성사되고 되지 않고는 나중의 일이다. 그저 만남이 약속되어 서로 얼굴을 마주 보며 친분을 쌓아가는 것만으로도 대성공인 것이다. 그러나 어떠한 약속도 잡히지 않고 용역 일거리가 없어 직원들이 대표의 기분만을 살피면서 사무실 걱정을 할 때의 세상에 내팽개쳐진 듯한 그 기분은 어떻게 표현을 해야 할까? 그렇기에 사전 약속이 없을 때에도 친분이 있는 거래처를 찾아 영업을 해야 하는 것이다.

　어느 7월로 기억된다. 거래처의 방문 약속이 있어 사무실을 나서는데 장대비가 세차게 내리붓고 있었다. 우산을 챙겼다. 비 때문일까? 지하철 승강장에는 객차를 기다리는 승객들로 붐볐다. 객차는 만원이었다. 물기 젖은 우산이 부담되어 다음 열차를 기다렸다. 승차를 하기 위하여 차례로 줄을 서서 기다렸다. 다행히 다음 열차는 객실의 자리가 한두 자리가 비어 있었다. 아무 생각 없이 자리에 앉으려는 순간 내 뒤에 줄을 서 있던 젊은 여자가 그 자리에 잽싸게 앉아 버렸다. 순간 무안하고 씁쓸한 마음이 들어 그 앞에 서 있을 수가 없어 좀 떨어진 공간으로 이동하여 서 있어야만 하였다.

일상에서 사소하고 별일 아닌 일일 수도 있지만, 사람들의 상식에 어긋난 행동이 눈살을 찌푸리게 함도 사실이다. 코로나19 전염병이 한창일 때 모두가 마스크를 해야만 하였다. 이 마스크를 착용한다는 것이 내가 남으로부터 보호되기 위해서라기보다는 나로 인해서 주변 사람들에게 혹시나 피해를 주지 않기 위함일 것이다. 코로나 팬데믹 상황에 승강기 내에서 큰 소리로 대화를 하는 모습에도 눈살이 찌푸려지는 것이다.

약속된 만남을 마치고 그 사무실을 나서는데 좀 전까지만 해도 그렇게 쏟아붓던 집중폭우는 걷히고 머리 정수리가 따가울 정도의 햇볕이 내리쬐었다. 이리저리 둘러봐도 손에 우산을 들고 가는 사람이 아무도 없었다. 좀 전까지만 하여도 우산을 들고 다니던 사람들인데 우산을 든 사람이 아무도 없었다. 위암 수술을 하고 아직은 완쾌가 되지 않았을 때여서 온몸이 힘에 부칠 때였다. 그렇게 걷고 있는데 뒤에서 어르신하고 부르는 소리가 들렸다. 그것이 차마 나를 부르는 소리라고는 생각도 하지 않았다. 또다시 어르신 어르신하고 부르기에 뒤를 돌아보았다. 낯선 젊은 청년과 눈이 마주쳤다.

"어르신 우산을 들고 가지 마시고 쓰고 가세요."

"햇볕이 따갑습니다."

"이런 날 그냥 걸으시면 쓰러지십니다."

순간 '나는 왜 우산을 쓰고 갈 생각을 하지 못하였을까?'라고 생각하면서 의외의 도움에 고맙다는 인사를 하고는 우산을 펼쳐 썼다. 한결 좋았다. 그제야 주변에 우산을 받쳐 쓴 사람이 어쩌다 눈에 띄기도 하였다. 뜻하지 않은 장소에서 주변 사람에게 배려하는 젊은 청년을 만나 기분이 한결 좋아졌다. 오늘 방문한 일이 어쩐지 잘될 것 같은 느낌이다.

　누구나 오랜 직장 생활에서 은퇴를 하게 되면 딱히 소일거리가 준비되어 있지 못할 것이다. 하여 생활에 쫓기면서 하지 못했던 공부도 해 보고 싶을 것이고, 취미생활도 찾아보고 인문학 강좌도 들으면서 늦은 나이에 철학자가 되어 간다. 세상에서 일어나는 모든 일에 감사하게 되고 배려에 대해서도 한 번쯤 생각해 보면서 자신의 남은 삶을 아름답게 포장하고 만들어 가려고 노력하게 된다.
　『빙점』의 작가 마우라 아야코는 잡화상을 하면서 원고를 조금씩 썼다고 한다. 하는 장사가 너무나 잘 되어 자신의 시간이 없을 정도로 일손이 바빴단다. 그런데 같은 상품을 취급하는 옆 가게는 가게 문을 닫아야 할 정도로 장사가 잘되지를 않았다고 한다. 이러한 상황이 너무 미안하고 죄스러워 자신의 가게를 찾는 손님의 일부를 옆 가게로 소개하였고, 그렇게 옆 가게를 배려하다 보니 조금씩 시간적 여유를 갖게 되었다. 그 시간을 활용해 자신의 삶을 책으로 발표한 것이 베스트셀러가 되어 이웃에 대한 배려가 다른 형태로 복을 받았다는 이야기를 어느 글에서 읽은 적이 있다. 사실인지 아닌지는 잘 알 수 없지만 믿고 싶은 이야기이다.

『配慮(배려)』라는 소설에서는 모든 면에서 철두철미한 성격의 장래가 촉망한 대기업 차장이 나온다. 소설은 그와 대비적으로 세상 풍파를 많이 겪은 선배 영업부장과의 이야기를 전한다. 자신의 눈에는 한심하게 비춰지는 선배가 일상에서 영업을 하면서 만나게 되는 사람들과의 관계에서 '어떻게 하는 것이 올바른 삶인가?'를 판단하게 한다. 이 촉망받고 있는 젊은 차장은 느릿느릿하게 세상을 살아가지만 모든 사람들에게 모나지 않는, 어쩌면 좋은 것이 좋은 인간관계를 유지하는 나태하게만 보아온 선배로부터 배려하는 삶을 배워 간다.

올바른 인간관계는 이런 것이라는 생각을 하게 한다. 누구나 자신은 항상 옳다고 착각하며 삶을 살아간다. 사람들은 자신이 하는 행동이 다른 사람에게 피해를 줄 수도 있다는 것을 의식조차 하지 않는다. 배려라는 것은 특별히 준비되는 것이 아닌 것이다. 일상의 작은 만남 하나하나에 배어 있어야 하는 것이 아닐까?

06
그릇된 결과에 힘들어하지 말라

> **요9:2-3** 제자들이 물어 이르되 랍비여, 이 사람이 맹인으로 난 것이 누구의 죄로 인함이니이까? 자기니이까, 그의 부모니이까? 예수께서 대답하시되, 이 사람이나 그 부모의 죄로 인한 것이 아니라 그에게서 하나님이 하시는 일을 나타내고자 하심이라.

어떤 일의 결과가 잘못되었을 때 사람들은 상대를 탓하거나 남을 탓하게 된다. 날 때부터 맹인이 된 사람이 있어 제자들이 예수께 묻는다. "랍비여 이 사람이 맹인이 된 것이 자기의 탓입니까, 부모의 탓입니까?" 맹인 됨이 누구의 탓이냐고 묻는 것이다. 예수는 누구의 탓도 아니라고 말한다. 그것은 하나님이 하시는 일을 나타내고자 함일 뿐이라고 말씀하신다. 육신의 눈을 고쳐 빛을 보게 하듯 보통의 사람들에게 신령한 믿음의 눈을 뜨게 하려는 예수의 뜻을 제자들이 어찌 알 수 있었겠는가? 사람들은 일이 잘못되었을 때 습관적으로 남의 탓을 하게 되는 것이다. 서투른 목수가 연장 탓을 한다는 속담도 있지 않은가? 우리는 예수의 제자들과 같이 보통의 사람들이다. 너 때문에 일을 망쳤다고 푸념을 할 수도 있는 그런 사람들인 것이다.

　세상을 살다 보면 좋을 때도 있고 나쁠 때도 있다. 사람들이 인생을 살면서 삶이 무너지는 큰 충격과 아픔을 겪게 될 때, 그 충격의 여파는 쉽게 가라앉지 않는다. 자신이 지금까지 이루어온 사업이나 이루고자 했던 일이라면 더 충격이 클 것이고, 실패한 것을 고통스러워하며 그 일을 생각하고 또 생각을 하게 될 것이다. 이미 지나간 일인데도 자꾸만 생각이 나는 것은 우리가 지극히 인간적이기 때문에 그런 것이라고 생각한다. 과거에 매달린다 해서 저질러진 일을 되돌릴 수 있는 것도 아니고 해결되는 것도 아니다. 쉽사리 놓아버리지 못함은 미련이 남아 있기도 하지만, 냉철하지 못하고 우유부단함도 있고 자신이 처한 환경에서 모든 것을 털어 버리고 새로운 미래를 기약할 만한 희망을 찾지 못함도 큰 이유일 것이다.

　그렇다고 해서 그대로 주저앉을 수는 없는 것이 아닌가? 그럴수록 다시 용기를 내어 잘못된 일에서 벗어나야 할 것이다. 인생이 송두리째 무너지는 일을 당했다면 더더욱 빨리 벗어나야 할 것이다. 지난 일 때문에 앞으로 이루어가야 할 일을 그르치지는 말아야 할 것이다. 세상 돌아가는 이치가 그런 것인데 자꾸만 생각해 봐야 아무 소용이 없는 것이다. 혹세무민한 세상 아닌가? 세상에서 일어나는 일은 하나님이 하시고자 하는 일을 나타내고자 한다고 하지 않았느냐 이 말이다.

예수께서 맹인의 눈을 뜨게 함으로써 우리들로 하여금 영적인 눈을 뜨게 하시었듯이, 우리가 인생에서 무너지는 큰 아픔을 겪음으로써 이 아픔을 통하여 우리로 하여금 현명한 지혜의 눈을 뜨게 하려는 것이리라. 이런저런 미련이 욕심이라는 것을 빨리 인식해야 할 것이다. 욕심을 내려놓아야 한다. 몸을 낮추어 겸손으로 돌아가 다시 시작해야 한다.

齋戒(재계)라는 말이 있다. 부정한 일을 멀리하고 심신을 깨끗이 해야 한다는 뜻이라 한다. 공자는 위나라 군주에게 올바른 정치를 할 것을 설득하고자 하는 제자 안희에게 그러지 말라고 말한다. 스스로 齋戒(재계)가 되지 않은 상태에서 다른 사람을 설득하거나 훈계하려고 하지 말아야 한다고 가르친다. 이런저런 일로 내가 처했던 일상의 일을 잘못 판단한 결과로 마음이 편하지가 않았던 시기에 접하게 되었던 가르침이다.

우리들이 일상에서 억울한 일로 크게 다투어야 했던, 후회가 되고 한탄만 남는 일이 있었다면 그것은 이미 지나간 일인 것이다. 그런 일로 자신을 탓하고 후회하며 회한에 억울해한들 아무런 소용이 없는 것이다. 마음을 다스려야 한다. 지난 일을 잊어버리고 齋戒(재계)하여 지금의 순간이 더 소중함을 알게 해달라고, 마음에 평안을 달라고 기도를 해야 할 것이다.

노자의 도덕경에 埏埴以爲器, 當其無, 有器之用이라는 대목이 있다. '찰흙을 이겨서 그릇을 만들되 거기가 비어 있어서 그릇이 쓸모가 있다'라는 뜻이다. 그릇은 비어 있을 때 소용이 있다는 것이다. 그릇이 어떤 내용물로 꽉 차 있으면 다른 것을 채울 수가 없어, 더 이상 사용할 수 없음을 말하고 있는 것이다. 모든 것을 내려놓는 비움의 철학을 깨닫게 하는 말이다. 잘못된 이런저런 일로 머릿속을 꽉 채우고 있는 미련의 찌꺼기를 비워버리고, 새롭고 쓸모 있는 건강한 정신으로 바꾸라고 교훈하는 것이다.

上善若水, 水善利萬物而不爭, 處衆人之所惡, 故幾於道라고도 하였다. 이는 '가장 착한 것은 물과 같다. 물은 만물을 이롭게 하되 다투지 않고, 어떤 곳에도 마다하지 않고 스며들며 만물을 이롭게 한다. 그리고 남들이 하기 싫어하는 일을 감히 행하여 만물을 이롭게 한다'는 뜻이다. 그것은 수고로운 것이고 자기는 손해를 봐야 한다는 의미인 것이다. 모든 것을 마다하지 않는 것이 물이라는 것이다.

만물을 이롭게 하되 다투지 않는다는 말이 와닿는다. 어느 곳에든 스며들 수 있는 물의 포용이 부러운 대목이다. 우리들도 그렇게 녹아들어 보자. 몸을 낮추는 겸손으로 남에게 이로움을 주는 삶을 사는 척 흉내라도 내보자. 그릇은 비어 있어 쓸모가 있고, 물은 다투지 않고 어디에든 스며든다는 상선약수의 너그러움을 배우자. 잘못된 결과의 원인이 욕심 때문이라 생각하고, 욕심 때문에 부딪치고 속물이 되어있는 스스로를 보면서 내려놓는 것을 배워야 한다. 몸을 낮추는 겸손함을 알았다면 그렇게 분하고 억울해하고 번민하지는 않을 것이다. 잘못된 일에서 벗어나자. 지난 일 때문에 오늘을 그르치지를 말자.

07
자존심은 묻어두어라

> **마15:18** 입에서 나오는 것들은 마음에서 나오나니 이것이야말로 사람을 더럽게 하느니라.

우리는 살면서 참 많은 사람들을 만나고 헤어진다. 성품이 너그럽고 푸근한 사람을 만나기도 하고 접근하기가 까다롭고 조심스러운 사람을 만나기도 한다. 만나고 헤어지는 사람들은 저마다 모두가 천사의 얼굴이다. 자신을 최대한 포장을 하고 본 모습은 숨겨져 있다. 의식적으로 숨기는 것이 아니다. 우리들의 본성이 그렇게 작동하는 것이다. 자존심이 강한 사람은 그 자신을 스스로 존중하는 모습으로, 자존심이 낮은 사람은 자신을 부풀려 과시하려는 허영심으로 스스로를 높이기 위함이라는 것이다.

　자존감이 높은 사람도 낮은 사람도 자신을 좋게 평가하면 좋아하는 것이 우리들의 속성이다. 사람들은 모든 삶을 자기를 중심으로 생각하고, 세상이 자기가 생각하는 쪽으로 변하기를 바라는 것이다. 저마다 윤리적 기준이 다르고 다양한 의견으로 서로 부딪치면서 네 편 내 편으로 갈라지게 되는 것이라 생각한다. 서로의 자존심이 부딪치면서 논쟁을 하게 되는 것이다. 자존심으로 끝까지 나의 생각이나 주장으로 설득하는 것과 자신과 생각은 다르지만 모든 것을 내려놓고 상대의 생각이나 의견에 맞추어 가면서 살아야 하는 것 중에서 어느 것을 선택해야 옳은 것일까?

　자존심이란 남에게 굽히지 않고 나 스스로의 가치나 품위를 지키려는 마음이라 하였다. 사람들은 흔히 "매사를 부정적으로 생각하지 말고 긍정적으로 생각하며 살아야 한다"라고 말한다. 스마트 폰으로 이것저것 검색하던 중 '자존감이 낮은 사람은 부정적인 생각으로 가득 찬 사람이다'라는 글을 읽은 적이 있다. 나는 지금까지 살면서 가급적이면 윤리적 인성으로 살려고 애를 써왔다. 부조리가 만연한 작금의 사회상을 탓하기도 하고, 이권 카르텔을 형성한다든지 로비라는 이름으로 청탁하는 등의 사회적 부조리나 비윤리적인 경제활동이 만연한 세상을 보면서 그들을 비난하며 부정적으로 보아 왔다.

　어쩌면 나와 같은 이러한 성향의 사람들에게 자존감이 낮은 사람이라고 매도한다면, 이들의 입장에서는 얼마나 억울한 일인가? 그러면서 이글을 올린 사람은 자존감을 회복하는 방법으로 '긍정적으로 생각하기, 과거를 돌아보지 않기, 스스로 완벽하려 하지 말기, 남의 말에 신경을 쓰지 않기 등'을 주장하였다. 아마도 '세상이 다 그렇고 그러니 둥글둥글하게 삽시다'라고 생각하는 사람이 올린 글이라는 생각이 들었다.

　자존감이 바닥에 떨어져 우울증을 경험하게 되면 이전의 모습으로 회복되기가 쉽지 않다. 세상 스트레스를 조금이라도 덜 받으면서 살려면 자존심을 내려놓고 살아야 하는데, 태생적으로 그렇지 못한 사람은 살기가 힘들 수밖에 없는 것이다. 윤리적 기준이 지극히 허물어진 지금의 세상에는 자신의 행위와 생각이 무엇을 잘못하고 있다는 것 자체를 인지하지 못하는 사람들도 많은 것이고, 그런 성격의 사람들은 자신의 생각만 옳고 다른 사람들이 자신을 이해하지 못하는 것이라고 생각할 뿐이다. 이 정도의 일은 누구나 하는 것이고 관행이라고 생각하는 것이다.

　이렇듯 세상에는 다양한 인성의 사람들이 살고 있다. 생각이 다 같을 수가 없다. 더러는 논쟁을 하고 다툴 수도 있는 것이 민주주의라고 둘러대기도 한다. 이 시대의 지식인이라고 자처하는 사람들이 이렇게 말하는 것이 작금의 사회상이다.

진실은 오직 하나다.

화평이 그것이라고 생각한다. 다양한 의견도 좋지만 다투는 것보다는 포용하고 상대의 의견을 들어 주는 것이 더 좋을 것이라는 말이다. 지식인인척 목에 핏발을 세우며 자신이 이 시대의 지식인이라 우쭐대고, 입에서 침이 튀도록 열변을 토하며 강의하는 사람들의 영상을 보게 될 때는 모든 것이 식상해진다. 우리는 이런 세상에서 살고 있다. '내가 살아온 미천한 경험으로는 자존심을 앞세워서 좋은 결과가 있었던 경우는 거의 없었다'라고 생각된다. 주변에는 "가진 것이 없어도 자존심 하나로 살아간다"라는 사람들이 많다. 나 자신도 다른 사람과 생각이 다를 수가 없다. 남의 말을 듣기보다는 내 생각 중심으로 모든 것을 판단해 버리니 무슨 할 말이 있겠는가? 상대의 말이 자신에게 녹아들 리가 없다. 그저 마음에 평정심을 유지하면서 '상대를 높이고 좋아할 만한 말만을 하고 맞장구를 쳐주며 자신을 그냥 내려놓는 지혜가 필요하다'라는 생각이다.

그렇다면 어떻게 해야 스스로의 품위를 지키면서 자존심을 지킬 수 있을까? 나를 낮춤으로써 나 자신의 존재를 인식시킬 수 있는 방법은 무엇일까? 세상을 살아 보니 자존심이란 녀석은 필요한 듯하지만 지나고 나면 인생에 그다지 아무런 도움이 되지 못한 것 같았다. 우리가 사는 이 사회는 몸을 낮추는 순간부터 잘못을 인정하는 것이 되어, 존재감이 땅바닥에 내동댕이쳐시는 결과가 되이 버린다. 그래도 "자존심은 당분간은 묻어두어라"라고 말하고 싶다. 어렵지만 그렇게 하라고 말하고 싶다.

論語 學而 曾子三省吾身 중에 爲人謀而不忠乎라는 구절이 있다. '사람됨이 책략에 충실하지 못하다'라고 해석되는 말이다. 우리가 자존심으로 어떤 언행을 할 때마다 잘못 내어 뱉은 언행은 잘못된 채로 남게 되는 것이고, 변명을 하면 할수록 더러움이 더해진다. 반대로 우리가 자존심을 내려놓거나 자신에게 정직하게 되면 모든 사람에게 정직함으로 남게 되는 것이어서, 자신의 잘못은 바로잡는 것이 중요하다 할 것이다. 오늘의 세상을 살아가는 데는, 다른 사람을 위해서 일을 도모하라는 증자의 爲人謀 하는 마음으로 살아야 하는 지혜가 필요하다고 생각되는 대목이다.

08
그냥 순수하게 살아라

> **딤후3:13** 악한 사람들과 속이는 자들은 더욱 악해져서 속이기도 하고 속기도 하나니.

'너 자신을 알라.'

소크라테스가 말한 것으로 유명하다. 그러나 이 말은 고대 그리스 델포이의 아폴로신전 기둥에 새겨져 있는 글귀라 한다. 이 말이 우리에게 전하고자 하는 의미는 무엇일까? 소크라테스에게는 카이레폰이라는 친구가 있었는데 그가 신전에 "아테네에서 가장 현명한 사람이 누구입니까?"라고 神託[1]을 넣었고 소크라테스라는 답을 들었다

---

1) 神託(oracle) : 神 혹은 神的인 존재가 인간에게 자신의 의지와 경고를 전하거나 특정 인간의 운명 등을 예인해 주는 것, 혹은 특정 의식을 통해 인간이 해결하기 힘든 과업에 대한 정보를 神 또는 神的 존재로부터 묻는 것.

는 것이다. 소크라테스는 "사람들은 자신이 잘 알고 있다고 생각하지만 사실은 제대로 아는 것이 없고, 그런 사람들은 자신이 잘 모르고 있다는 사실조차도 알지 못한다"라고 주창한 사람으로서 이 말을 전해 듣고는 몹시 당황했다 한다.

'너 자신을 알라'의 의미는 '소크라테스 스스로는 자신이 잘 모른다는 것을 알고 있지만, 현명한 척하는 사람들은 실제로 잘 모르면서 모른다는 사실조차도 모르고 있음'을 지적하는 것이라고 생각해 본다. 소크라테스가 '나는 아무것도 아는 것이 없다'라고 말하는 의미는 도대체 무엇이고, 무엇을 모른다고 한 것일까?

우리는 세상을 살면서 지식이나 정보가 참 필요하다는 것을 잘 안다. 그러나 대다수 사람들은 자신이 알고 있는 지식이나 정보가 더없이 부족한 수준이라는 것을 인지하지 못한 채 살고 있는 것이다. 지식이나 정보가 부족하다는 것을 스스로 인식하고 있다는 것은 내가 생각하고 행동함에 있어, 매사에 신중하고 겸손해야 한다는 것을 일깨워 준다는 점에서 좋은 것이리라.

세상을 살면서 사람과 사람이 어울리기도 하고 부딪치기도 하면서 매일매일 수없이 반복되는 일상이 평화로운 듯 보여도, 노력이라는 자신과의 싸움은 끝이 없다. 때문에 사람들마다 더 많은 스펙을 쌓기 위하여, 보다 높은 학습을 성취하고 자격증을 획득하기 위하여 끊임없이 노력하는 것이 아니겠는가? 이렇듯 경쟁이 치열한 세상에서 내가 열심히 노력을 한다 해도, 세상에 나보다 덜 똑똑한 사람은 없는 것 같이 느껴지는 것이다.

  그렇다고 해서 '나는 아는 것이 없다'라고 의식하면서 살아야 하는 이유도 없다. 상대보다 많이 알고 있다고 착각을 해서도 안 될 일이지만, 잘난체하는 모습으로 자기모순에 빠져도 안 되는 것이다. 소크라테스는 '우리 인간은 자신의 무지를 인식함으로써 지식의 한계를 알아야 한다'라고 하였다. 그리고 사람들에게 자신의 믿음과 지식에 대해 스스로 '아무것도 아는 것이 없다'라고 말한 것은 아마도 '眞理(진리)에 대하여 말했던 것이 아닌가?'라는 생각을 해 보는 것이다. 소크라테스가 '아는 것이 없다'라고 한 말은 우리 보통 사람들이 살면서 알아야 하는 지식이 아닐 것이다. 자기 분수에 넘치는 언행 따위를 말한 것도 아닐 것이다. 지극히 철학적인 것이라는 생각을 하게 된다. 2000여 년 전 당대의 석학 聖賢(성현)들이 이렇듯 자신들의 지식에 대하여 무지하다고 겸손으로 이야기하고 있는 대목을 보면서, 우리가 사는 오늘을 생각해 보게 되는 것이다.

  오늘날 우리가 사는 세상에는 잘나고 똑똑한 사람들이 너무나 많다. 어떨 때는 그들이 역겨울 때도 있다. 오로지 자신의 출세를 위하여 자기주장만이 옳다고 하는 것이다. 그들은 자신이 '무언가를 잘못하고 있다는 것' 자체를 알지 못한다. 잘못을 농담 정도로 얼버무려 그냥 지나치는 사람이라면 그나마 괜찮은 사람인 것이다. 그들에게서는 주변 사람들을 배려하는 태도를 조금도 찾아볼 수 없기 때문이다. 이런 사람을 볼 때면 참 편리한 성격의 사람이라는 생각을 하게 된다. 그런 사람들은 자신의 말 한마디에 얼마나 많은 사람들이 상처를 받는지 아무런 의식도 하지 못하는 것이다.

지금의 세상은 2000여 년 전 그리스 때와 달라서 지식과 정보가 넘쳐나는 세상이다. 4차 산업시대에 들어서면서 점점 더 복잡해지고 다양해지는 세상에서 잘난체하는 사람들의 이야기를 듣고 있자면, 듣는 자신이 초라해지고 작아짐을 느끼게 되는 것이 너무나 당연하다는 생각이 드는 것이다. 오늘을 사는 사람들은 저마다 잘 아는 자신만의 전문 분야가 있다. 그런데 자신의 분야에서 조금만 벗어나도 내가 모르는 것이 너무나 많음도 알게 되는 것이다.

남에게 자신을 과시하거나 돋보이기 위해 거들먹거리는 성향의 사람들에게, 얕은 지식으로 아는 체하며 다른 사람 앞에서 열변을 토하는 무리들에게 "넌 무어가 그리 잘났니?"라고 말해주고 싶다. 비록 남의 앞에 드러내야 하는 지식이나 정보가 자신의 전문 분야라 할지라도 겸손한 자세가 요구되어야 할 것이다. 작금 우리가 사는 이 사회의 위정자들, 공기관이나 공동체 사람들, 갑의 위치에 있는 사람들, 남보다 우월한 지위에 있다고 생각되는 사람들이라면 더더욱 상대의 인격을 손상시키는 일은 없어야 할 것이다.

우리가 사는 이 세상에서 경쟁에 뒤처지지 않기 위해서는 아는 것이 힘이다. 그러기 위해서는 남보다 조금이라도 스펙을 쌓아야 하고, 안다는 사회적 증표가 있어야 그나마 현상 유지라도 할 수 있는 세상이다. 이 모든 것도 50대 후반쯤 은퇴를 해야 하는 나이를 지나 70대를 넘어서면 허망함이 느껴지게 되는 것 또한 인생이다. 살아오면서 지금까지 남보다 앞서려고 했던 것들이 이 나이에서는 아무런 의미가 없음을 알게 되는 것이다. 남보다 많이 배워 아는 것이 많고 남보다 돈이 많고 높은 자리에 있는 이런 것들이 무엇이 그리 소중한 것이냐는 말이다.

은퇴하고 고령화되면 마땅히 갈 곳도 소일거리도 없다. 그러다 보니 이 나이에서는 오히려 眞理(진리)에 대하여 한 번쯤 생각하게 되는 것이리라. 옛날이나 지금이나 철학자들은 사람들이 그토록 알고 싶어 하는 眞理(진리)에 대해서 '이것이다'라고 말한 것이 없다. 眞理(진리)에 대해서 아는 것이 아무것도 없다는 것이다. 그러니 평범한 人生(인생)들이 眞理(진리)가 무엇인가를 잘 알 수 없는 것은 당연한 것이다. 무조건적인 믿음의 信仰(신앙)으로 眞理(진리)에 다가가는 것이리라. 믿음 안에서 그냥 純粹(순수)하게 윤리적 삶을 살아야 한다는 생각을 하게 되는 것이다.

09
지름길은 없다

> 눅19:26 주인이 이르되 내가 너희에게 말하노니 무릇 있는 자는 받겠고, 없는 자는 그 있는 것도 빼앗기리라.

　어린 시절 시골집 뒤에는 논이 있었고, 논을 가로질러 좀 더 지나면 대나무밭이 있는 죽전마을이다. 여름이면 논에는 개구리 우는 소리가 요란하였고 가을에는 황금 들녘이었다. 논둑길 깊숙이 상엿집이 있었고 新作路(신작로)로 죽전마을을 가려면 길을 돌아가야 하였다. 상엿집이 있는 논둑길이 지름길이었다. 행여 밤에 이 상엿집 앞을 지날라치면 뒷골이 섬뜩한 것이 걸음이 빨라질 수밖에 없었다.
　성인이 되어 설이나 추석 명절에는 시골 부모님을 찾아뵙곤 하였다. 요즈음 같으면 차가 조금 밀리더라도 4시간 정도면 갈 수 있는 거리임에도 70~80년대에는 아홉 시간 이상 걸렸었고 고속도로는 주차장을 방불케 하였다. 지금이야 습관이 되어 그다지 재촉하지 않고 쉬엄쉬엄 가지만, 그때는 왜 그랬는지 조금이라도 빨리 가기 위하여 조바심을 냈던 것이다. 밀려가며 휴게소 앞을 지날 즈음에는 우회하여 차 몇 대라도 앞지르려고 휴게소 안으로 양심 없이 질러가곤 하였다. 요즘에는 운전을 도와주는 정보기술이 내장된 내비게이션 장치가 있어 차가 덜 밀리는 지름길을 안내해 주기도 한다. 오늘날은 지름길을 찾는 것도 인공지능적이게 되었다.

　사람들은 누구나 명예, 권력, 재물 등 소유를 위하여 열심히 노력한다. 때로는 왜 나만 이렇게 힘들까? 열심히 사는 죄밖에 없는데 하는 사람들도 많을 것이다. 힘들고 어렵다 보니 목표한 것들을 이루기 위하여 본능적으로 지름길을 찾게 되는 것이다. 이렇듯 소유로 향한 길은 힘이 드는 것이고 시행착오도 겪게 되는 것이다. 세상의 일들이 혼자 생각처럼 그렇게 쉽지가 않기 때문이다. 많은 장애물과 경쟁자들이 앞을 막고 있다. 이러한 난관을 돌파하기 위해 부단히 애를 쓰는 것이고 지름길이 있으면 그 기회를 놓치지 않으려 하는 것이다. 그러면서도 이런저런 어려운 일에 부딪쳤을 때 대부분의 사람들은 그것을 혼자 해결하려고 애를 쓴다. 행여 '가족들과 상의를 하면 그 답이 있을까?'라고 생각은 하면서도, 가장이라는 책임감에 그러한 짐을 가족들에게 지우고 싶지 않아 한다.

책을 읽을 때도 지름길을 가고 있는 나 자신을 보게 된다. 나도 모르게 내가 좋아하는 책과 그렇지 못한 책에 분명한 선이 그어진다. 관심이 있고 좋아하는 내용의 책은 열심히 읽지만, 그렇지 못한 책들은 읽기를 포기하거나 요약 내용으로 갈음하고 있었으니 말이다. 독서에도 지름길을 찾아가는 것이었다. 늦은 나이에 인문학 서적을 읽게 되면서 좀 더 젊은 시절에 여러 책을 읽었더라면 하는 아쉬움이 있었다. 간접적이지만 삶의 경험이 되는 내용을 많이 만날 수 있었기 때문이다. 나 자신은 미처 생각하지 못했던 길이 책 속에 여러 형태로 단초가 되어 있었고, 다양한 지식도 얻을 수 있었기 때문이다.

　가족 환경을 먼저 생각해야 하는 경제적 부담을 이유로 하고 싶었던 일들을 우물쭈물하며 하지 못했던 일들에도 도전할 용기가 생겼을 것이라는 생각도 해 보았다. 하나님은 우리들에게 각자에게 맞는 재능을 주었고 그 재능대로 살도록 달란트를 부여했다. 그러나 주어진 재능을 썩히는 사람에게서는 그것을 거두어 달란트를 잘 활용한 사람에게 주었다. 아마도 이것을 얻은 사람이 인생의 지름길을 얻은 것이 아닐까? 이것이 어쩌면 인생의 삶을 풍요하게 하는 지름길일 것이다. 살면서 노력을 한 만큼 얻어지는 것이 인생의 지름길이라 생각되는 것이다. 이러한 길이 正道(정도)의 길일 것이다.

　그렇다면 나는 어느 程度(정도)의 길을 살아온 것인가? 내가 지금까지 살아온 길이 제대로 된 길인가? 지금 가고 있는 길이 또 맞기는 한

길(路)인가? 이러한 질문을 스스로에게 던져보면서 우직하게 한길만 걸어온 나 자신을 되돌아보았다. 인생의 길에 대해서 그 어떤 조언도 해주는 사람이 없다. 그냥 "공부 열심히 해야 성공을 한다"라고 하지만 공부라는 노력으로도 인생의 길은 알 수 없는 것이다.

나는 正道(정도)를 걷는 사람을 좋아하다. 다른 사람에게 피해를 주지 않고 사는 것이 바른길이기 때문이다. 자신을 희생하면서 봉사에 열심인 사람들을 보면 부러움이 앞선다. 이는 내가 그렇지 못하기 때문이다. 하나님은 결코 지름길을 허용치 않는다. 그러나 우리들에게 재능에 맞는 달란트를 주시었다. 하나의 불만이 있다면 '재능을 왜 사람마다 달리 주었을까?'라는 것이다. 나에게는 왜 이 정도의 재능만을 주었을까? 재능을 많이 부여받은 사람은 그만큼 책임을 져야 할 일도 많을 것이다. 인생은 주어진 달란트만큼의 재능으로 열심히 살면 된다는 생각을 해 본다.

大道甚夷(대도심이)하되 而民好徑(이민호경)⁽도덕경53장⁾이라 하였다. 이는 '큰길은 매우 평탄한데 사람들은 지름길을 좋아한다'라는 말이다. 보통의 사람들은 '지름길이 빠르고 좋다'라고 생각하지만, 노자께서는 '큰길(新作路, 신작로)이 평탄해서 좋다'라고 말하고 있다. 그 길은 보통의 사람들이 생각하는 길과는 또 다른 인생의 길이 있음을 말하고 있는 것 같다. 노자의 大道(대도)는 천지의 道(도)로서 眞理(진리)와 힘께하는 人生(인생)의 길이라는 것이다.

큰길은 평탄해서 걷기가 힘들지 않듯이 하나님(大道)과 함께하는 인생길은 영혼에 평안을 준다는 것이다. 인생의 지름길이 眞理가 아닐까? 생각해 본다.

10 나는 나대로 산다

> **빌4:13** 내게 능력을 주시는 자 안에서 내가 모든 것을 할 수 있느니라.

우리들은 세상에 태어나 각자에게 주어진 환경에 자연스럽게 순응하며 살아가게 된다. 삶의 과정에서 힘들고 어려운 일들을 만나게 되며 한계를 느낄 때도 많은 것이다. 이를 극복하기 위하여 다양한 분야에서 계속 공부를 하며 자격시험을 치고 취업시험을 치고, 합격하기도 하고 떨어지기도 한다. 원하는 직장을 구하지 못하고, 자신이 계획했던 일이 실패를 하게 될 때는 '되는 일이 없다'라고 좌절할 때도 있는 것이다. 그러나 반복되는 실패에 자신을 원망하다 보면 부족한 점에 대한 감이 어슴푸레 잡히기도 한다. 지금끼지의 노력을 한

장짜리 이력서에, 또는 시험 답안에 다 담을 수는 없었겠지만 적어도 내가 어떤 사람이고 무엇이 부족했고 무엇을 좋아하고 무엇을 잘할 수 있는지를 생각해 보기도 하였을 것이다.

그러나 스스로를 반성조차 하지 않을 때가 태반인 것이다. 이러한 과정에서 실패도 성공도 모든 것이 내게 능력을 주시는 자이신 진리의 뜻 안에서 이루어진다는 것이다. '사람이 마음으로 자기 길을 계획할지라도 그 걸음을 인도하는 자는 여호와시니라' (잠16:9) 라고 하였다. 모두가 열심히 노력하여 이루고자 하는 뜻이 이루어질 수 있도록 이끌어 주시는 이는 나 자신이 아닌 진리의 역사하심이라는 것이다. 내게 능력을 주시는 자의 뜻에 따라 이력서를 고쳐 쓰고 부족한 부분을 더 공부하면서 평생직장을 찾아가라는 것이다. 하나님은 누구에게나 재능을 주었다. 이는 곧 부여받은 재능을 발전시켜 나가라는 것이고 이것이 곧 노력이고 개발인 것이다. 아무리 큰 재능이라도 노력하지 않고 개발하지 않으면 아무 소용이 없는 것이다.

그러면 '나는 누구인가?', '내게 주어진 능력은 무엇인가?'라는 질문을 해 본다. 내게 꼭 맞는 적성의 능력은 무엇일까? 그 능력을 알아 그 방향으로 노력을 하는 사람은 성공이 좀 쉬운 것인가? 이에 답을 줄 사람은 아무도 없다. 때로는 학자나 석학들이 강론하기도 하지만 그것이 정답일 수는 없는 것이다. 그들의 답은 형이상학적이어서

들어도 난해할 뿐이다. '나는 누구이고', '내 적성이 무엇이고', '내가 사는 의미가 무엇이고', '나의 정체성이 무엇이며', '나는 왜 사는가?'를 묻는 것은 나 개인 본질의 영역이기에 답은 오히려 나 자신 안에 있다 할 것이다.

살면서 '나의 정체성', '나의 소명'을 생각하며 사는 사람은 없다. 하루하루 먹고사는 일을 해결하고 성공과 출세를 위하여 앞만 보며 달려가는, 경주마처럼 살아가는 것이 인생이기 때문이다. 그러다 보니 살면서 진짜 소중한 것이 무엇인지 잊을 때가 많은 것이다. 그래도 이 모든 것들이 우리가 살아 있기에 일어나는 일이 아닌가? 반복되는 일상, 평범한 인생의 우리가 어떻게 '나는 누구인가', '내게 주어진 능력은 무엇인가?'라는 질문에 대답을 할 수 있겠는가? 우리가 이처럼 이 세상에 살아 있지 않다면 살아갈 기회조차 없는 존재가 아닌가? 우리는 존재하는 것 자체만으로도 귀한 것이다. 이렇듯 귀한 존재가 아무런 성령의 은사 없이 세상을 살아간다는 것은 논리 성립이 되지를 않는 것이다.

요즘 사회는 위선이 만연한 시대이다. 또한 나 빼놓고 다들 잘나고 행복한 것처럼 보여 외롭고 박탈감도 쉽게 스며드는 시대지만 중요한 건 '나는 나대로 산다'는 마음을 잊지 않아야 한다는 것이다. 그리고 '범사에 감사하라'는 말씀을 새기며 살아가는 것이다. 누구도 완벽하지 않다. 나대로, 진리의 뜻대로 살면 되는 것이다. 내가 가장 존중할 대상은 바로 '나'다. 어떠한 삶을 살든 스스로 책임질 용기만 있다면 그 선택은 언제나 정당할 것이다. 그 선택을 인도하는 힘은 眞理인 것이고, 스스로 나의 정체성은 무엇이고, 무엇을 위해 살고, 왜 사는지에 대한 답을 애써 찾으려 할 필요는 없는 것 같다. 이러한 질문에 대하여 조금이라도 생각해 보았다면 그대의 안에는 이미 훌륭한 스승이 자리하고 있는 셈이다.

11
내 인생 나도 모르는 거야

 이 일을 누가 행하였느냐, 누가 이루었느냐, 누가 처음부터 만대를 불러내었느냐, 나 여호와라. 처음에도 나요, 나중 있을 자에게도 내가 곧 그니라.

우리가 이 세상에 태어난 것은 축복임엔 틀림이 없다. 그러나 사실 내가 선택하여 태어난 것이 아니다. 그저 세상에 보내어졌을 뿐이다. 세상에 태어났으니 애초부터 가치 있게 살아야겠다고 다짐하는 사람은 없다. 성장하고 공부를 하며, 성인이 되면서 자연스럽게 사회생활에 적응을 하게 되는 것이다. 그러면서 사람에 따라서는 가치도 생각하고 자신만의 특별한 계획을 세우고 그것을 이루기 위하여 살아간다. 대부분 오늘보다 나은 내일을 위해, 지금보다 조금이라도 괜찮은 삶을 이루기 위해 아등바등 사는 것이다. 태이나 자라며 초등학교, 중학교, 고등학교, 대학을 졸업하고 저마다의 다양한 분야에서 생업을 위하여 참 애쓰며 사는 것이다. 내가 이 사회에서 무엇을 위해 어떤 것을 실현하며 살지를 생각하기보다는 그냥 정해진 순서에 따라 사는 것이 보통 사람들의 삶이다. '나는 무엇을 위해 어떻게 살아야겠다'라고 다짐을 하며 사는 사람이라면, 그런 사람은 우리를 이 세상에 있게 한 진리(神)로부터 참으로 특별히 선택받은 사람이라는 생각을 해 본다.

칠십이 넘은 나이임에도 나는 아직도 지나온 세월을 잘 모른다. 삶의 의미도 정확히 잘 알 수가 없다. '내 인생에서 나는 무엇을 요구받고 있었나?'라는 질문을 스스로에게 던졌을 때 자신 있게 답할 수 있는 게 딱히 없다. 누구나 다 마찬가지이겠지만 그저 그때그때 내게 주어진 일을 최선을 다해 성실히 살아왔다고 대답할 뿐이다. 평생 해 온 설비설계를 하지 않고 다른 일을 선택받았다면 내 인생은 어떻게 됐을까? 인생의 중요한 고비를 겪을 때마다 그때의 환경에 지배되었다. 내가 할 수 있는 선택이란 없었던 것이다. '주변 환경이 그렇게 몰아갔다'라는 생각이 드는 것이다. 지나간 세월을 돌이켜 가정한다는 건 말이 안 된다는 걸 알면서도, 괜히 그런 생각과 상념에 잠겨 본다.

문득 누군가 내게 "어떻게 사는 것이 옳으냐?"라고 묻는다면 이렇게 말해 줄 수는 있는 것 같다. "자신이 지금 해야 할 일을 하면 된다.

자신에게 주어진 일을 그냥 하면 된다"라고 말이다. 여기에 좀 더 덧붙이자면 "양심이 불편한 일이 아니면 된다. 윤리와 도덕의 가치로부터 멀어지는 일이 아니면 된다", "세상에서 무턱대고 나 혼자 마음을 닫고 고고히 싸운다 한들 이길 도리는 없다. 지혜로운 마음으로 세상을 대하는 자세가 중요한 것 같다"라고 말할 수는 있을 것이다.

인생을 살다 보면 너무나 많은 선택의 순간을 경험하게 된다. 그리고 그 선택은 자신의 의지대로 되는 것이 아닌 것이다. 선택의 순간마다 환경의 지배를 받아야 한다. 자신이 원하는 대로 살아지지 않는다. 원하는 대로 살자니 먹고 사는 문제가 해결되지 않는다. 그래도 나는 허투루 산 것이 아니기를 소망하면서 "진리의 말씀대로 살아왔는가?"라는 질문에 이 정도의 대답은 해줄 수 있는 것 같다. "내게 주어진 일은 참 열심히 하였다"라고 말이다.

그렇다면 이 세상에서 우리는 어떻게 살아야 잘사는 것인가? '잘사는 삶'을 곧 '성공'으로 쉽게 도식화하는 세상에서 사람들은 권력이나 명예, 명성, 부를 이룬 사람들을 잘사는 사람 혹은 성공한 사람이라고 생각한다. 이들이 보통의 평범한 사람들보다 뛰어나서인지는 모르겠지만, 이런 문제를 떠나서 이른바 성공한 사람들의 반대쪽에 선 사람들은 자꾸 위축되고 작아지는 경향이 있는 것도 사실이다. 그러나 성공한 사람들 앞에서 작아지고 위축될 필요는 없다. 어느 것이 참 인생이지는 아무도 모르기 때문이다. 위축감은 기분에 불과한 것이다.

 '나를 세상에 있게 한 眞理(진리)에 믿음으로 가까이 다가갈 수 있도록 노력하는 삶이 성공한 사람으로 만들어 주리라'라고 생각한다. 사람은 누구나 태어나면서부터 부여받는 달란트가 있다. 그리고 후천적 노력으로 부여받는 달란트도 있다. 나는 내가 손해를 좀 보더라도 상대에게 보상을 바라거나 모진 말을 잘 하지 못한다. 친구나 동료에게 사기를 당했을 때도 그냥 묻어 버린다. 남들이 볼 때는 어쩌면 바보스럽기도 하고 답답한 성격으로 비춰지겠으나, 치열한 삶의 현장에서 사람을 쉽게 미워하고 등을 져봐야 결국은 자신에게 되돌아옴을 경험적으로 알게 되었다. 고난과 역경을 이겨내고, 내게 주어진 어떤 일도 감내하며 이겨내는 힘이 필요한 것이다. 내 마음에 반짝이는 달란트 한 잎을 발견했을 때 "주여, 제가 또 하나의 어려움을 이길 수 있게 하심에 감사합니다"라고 감사하자.

12
사소한 일이란 없다

> **요5:17** 예수께서 그들에게 이르시되, 내 아버지께서 이제까지 일하시니 나도 일한다 하시매.

나는 건축설비 엔지니어다. 건축설비란 건물 내부에 거주하는 사람들이 생활에서 필요로 하는 환경조절 설비를 제공하는 기술이다. 추울 때 따뜻하게 하고 더울 때 시원하게 하며 취사용 연료와 주방, 욕실, 세면기에 찬물 따뜻한 물을 공급하고 변기의 배수 기능, 소방시설 및 실내 공기 청정 등 다양한 실내 환경 에너지를 조절하는 분야이다. 이러한 설비들은 최적의 기술이 요구되고 많은 에너지가 수반된다. 그리고 동력 장비들이 어느 위치에 얼마만큼의 규모로, 어떻게 설치되는가에 따라 에너지 소비량에 많은 영향을 미치게 된다. 건축을 계획하고 설계를 하는 사람들은 나중에 건물이 완공된 후 거주하게 될 사람들에게 생활에서 사용하는 에너지가 최대한 덜 소비되도록 계획을 해야 하는 것이다.

나는 건축사와 협력하여 이러한 설비시설들을 계획하고 설계하는 건축기계설비 기술사다. 언젠가 친분이 있는 건축사대표가 내게 이런 충고의 말을 건넨 적이 있었다.

"대표님, 우리 본부장들과 잘 좀 지내시죠. 실무 본부장들이 싫어하면 저도 같이 일하기가 어려워집니다."

갑작스런 질책성 질문에 한 대 맞은 기분이 들었다.

"그게 무슨 말씀이십니까?"

"건축계획에 대표님이 요구하는 설비 고려사항이 부담이 되나 봅니다."

"아, 그렇습니까? 오해 없도록 유의하겠습니다."

더 이상 토를 달지 않고 얼버무리고 말았다. 간혹 경험이 부족한 건축사들은 건축계획에만 연연할 뿐, 이후 건물을 유지하기 위해 소비되는 에너지에 대한 개념이 부족한 경우가 있다. 설비에 대한 배려가 부족한 것이다. 건축만을 생각하는 것이다. 건축과 함께 계획되어야 할 각종 설비의 공간과 관로, 에너지 최소화를 위한 배려가 부족하다. 이러한 고려는 건물 유지에 필요한 에너지의 소비에 직접적인 영향을 주게 되는 것이다. 그런데 이들은 건축계획이 이루어지면 임의의 공간에 설비 공간과 관로들을 알아서 할애하기를 바라는 것이다. 이 상태에서 설비설계자는 법에서 허용하는 최소한의 단열 설계를 해야 하고, 존닝을 하고 위치 조정을 요구하게 되면 짜증이 나는 것이다.

　건물을 설계하기 위해서는 건축사 외 토목, 설비, 전기, 통신, 소방, 자동제어 등 여러 분야의 전문 기술사들이 참여하게 된다. 나는 독일 대사관 소유의 건물 설계에 잠시 참여한 적이 있었다. 몇 차례 기본 계획을 위한 회의를 하는 과정에서, 회의를 주관하는 좌장이 우리나라와 다름을 보게 되었다. 우리나라는 건축사가 좌장이 되어 천체를 총괄하는데 이들은 서비스기술사(설비)가 좌장이 되어 에너지 소비를 최소화할 수 있는 건물이 되도록 건축사에게 주문하는 것이었다. 우리와는 너무나 다른 모습이었다.

　세상에 사소하게 취급되어야 하는 일은 아무것도 없다. 사소한 것으로부터 큰 결과가 만들어지는 것이 세상의 이치이다. 자신의 일을 소중히 여기고 자부심을 갖는 것은 좋은 일이다. 그리고 각자가 가지고 있는 기술이 최적으로 조합될 때 가장 이상적인 결과가 만들어지는 것이다. 대다수 사람들은 '내가 하는 일이 보람된다. 그래서 긍지와 사명으로 일한다'라고 생각하지 않는다. 그저 생업을 위한 일이어서 아무런 생각 자체가 없이 일만을 하는 것이다.

노자는 '圖難於其易하고 爲大於其細하며 天下難事가 必作於易요 天下大事가 必作於細라'라고 하였다. 이는 '세상의 어려운 일은 모두 쉬운 데서 비롯되고 세상의 큰일은 모두 미미함에서 비롯된다'라는 말이다. 이처럼 모든 일은 미미함에서 비롯된다. '미미하다'는 것은 보잘것없고 중요하지 않다는 것인데, 세상의 모든 일이 중요하지 않은 것으로부터 이루어지는 것이라면 그보다 중요한 것은 없을 것이다.

우리는 모든 가치를 세상에 기준을 두고 생각한다. 세상의 가치에 기준을 두다 보니 '미미하다. 소소하다'라는 말을 쉽게 하게 되고, 돈을 버는 일이 인생의 전부라고 생각하는 것이리라. 천부적 재능이 있어 머리가 우수한 사람도 그렇지 않은 사람도, 그들 모두가 각각의 소중한 일을 하고 있는 것이다. 먹고사는 일상이 생활의 전부라고 여기는 것이기 때문에 사소한 것으로부터 큰일이 만들어지고 소소한 일상에 잔잔한 행복이 있음을 깨닫지 못하고 사는 것이다. 나 역시 내 인생에 주어졌던 생업의 압박에서 벗어나서야 겨우 일의 소중함을 인식하였고, 지금까지 해 왔던 일에 대하여 자부심을 갖기 충분함을 알게 되었다. 지금부터라도 소소한 일상 속의 행복을 만들어 가야지 하는 생각을 해 보는 것이다.

지금의 세상은 머리 좋은 인재들이 법대나 의대에만 줄을 선다. 판검사는 권력을 얻고, 의사는 아픈 데를 치료해 주어 존경을 받는다.

그러나 판검사는 범죄자가 많아야 그 권력이 빛나 보이는 것이고, 의사는 생명을 다루는 무언의 담보가 존경과 재화로 연결되는 것이다. 일에 귀함과 그렇지 않음이 있다면, 그것은 세상의 가치를 돈이나 권력에 두기 때문일 것이다. 보통의 사람들은 자신이 하는 일에 대하여 특별한 의미를 부여하지 않는다. 그럴 필요성조차 느끼지 못한다. 주어진 일이 얼마나 소중한 것인지를 모른 체 그냥 생업으로만 일하기 때문일 것이다.

13
그냥 사는 일상이 행복이다

시84:5 주께 힘을 얻고 그 마음에 시온의 대로가 있는 자는 복이 있나이다.

자기 의지에 의해 세상에 태어나는 사람은 아무도 없다. 자신도 모르게 태어나 한 가족공동체의 일원으로 세상을 만나게 되면서, 인생은 그렇게 시작되는 것이다. 태어나는 환경도 지역도 모두가 제각각이다. 부유한 가정에 태어나는 아이도 있고 생활이 어려운 가정에 태어나는 아이들도 있다. 그런데 잘사는 집 아이들을 보아도 '쟤네 집은 부자구나'라고 생각을 하는 경우는 있어도, 우리 집이 가난하다고 부모를 원망하는 아이는 없다. 어느 아이도 자기가 태어난 환경을 탓하지 않는 것이다. 행여 부러워하는 경우가 간혹 있으려나? 의식적이든 그렇지 않든 간에 주어진 환경에 순응하며 그냥 살아갈 수 있도록 태어난 것이다. 모두가 그렇게 심성이 곱게 세상에 태어나는 것이다. 어릴 때는 부모의 돌봄으로 아무 생각 없이 살아가지만, 점차 성장하면서 자신의 존재를 인지하게 되고 자기 삶의 이정표가 생기는 것이다. 자신도 모르게 설정된 이정표가 자신의 행복을 위한 출발점이 되는 것이다.

장차 인생을 완성해 가야 하는 학생들에게 장래 희망이 무엇이냐고 물으면, 고학력으로 갈수록 희망에 대해 현실적인 답을 하는 것을 볼 수 있다. 그러나 구체적인 답을 하지 않는 학생들도 다수이다. 장래 희망을 물으면 그냥 '몰라'라고 답을 하는 것이다. 그런데 이들이 답을 하지 않는다 해서 희망이 없는 것은 아니다.

세상의 삶은 만만치가 않다. 살면서 喜怒哀樂(희로애락)의 온갖 風霜(풍상)을 겪어야 한다. 살면서 '행복해야지'라고 의식하며 사는 것이 아니다. 그냥 그렇게 세상을 사는 것이다. 살다 보니 힘들기도 하고 기쁠 때도 있고 행복도 느끼는 것이다. 세월의 풍파를 겪은 사람들일수록 행복을 의식하며 사는 사람은 없다. 하나님은 '범사에 감사하라'고 하시었다. 범사에 감사하다 함은 좋은 일이든 궂은일이든 일상에서 일어나는 모든 일에 감사하라는 의미일 것이다. 그러나 사람들은 그날이 그날같이, 이제처럼 오늘도 아무런 탈이 없이 지낼 수 있음이 감사하다는 의미로 받아들인다.

행복은 어디서 오는 것인가? 어떻게 사는 삶이 행복한 삶일까? 자신을 행복하게 만드는 것은 무엇일까?

어린 시절에는 조그마한 일에도 자주 웃곤 하였다. 성장하면서 점점 삶의 무게를 느끼게 되고 웃음은 점점 줄어든다. 목적을 성취하기 위한 과정에서 웃음보다는 힘든 일이 반복되기 때문이다. 그러나 좋은 일만 있고 힘든 일을 전혀 경험하지 못한 사람이 있다면, 그런 사람은 행복 자체를 느끼지 못할 것이다. 가족들과 외식도 하고 때가 되면 가족여행도 하는 사람들이 행복해 보이는 것은, 그들이 대체로 경제적으로 조금은 안정되어 여유가 있어서일 것이다. 그렇다고 자신의 여건이나 환경이 그들과 다르다 해서 '불행하다'라고 단정 지을 필요는 없다. 사람들은 경제적으로 여유가 있어야 먹고사는 일에 걱정을 덜 할 수 있기 때문에 부를 좇게 될 수밖에 없는 것이다.

그러나 경제적으로 풍족해야 반드시 행복한 것은 아니다. 경제적으로 어려운 사람도 자신에게 있는 걱정거리가 해결되면, 그것을 극복한 성취에서 오는 행복은 누구보다 클 것이다. 부유한 사람도 그들 나름의 걱정은 있는 것이고, 어려운 사람들도 부유한 사람들이 갖지 못하는 즐거움이 있고 행복이 있는 것이다. 서로를 아끼고 배려하며 사는 화목한 가정은 어떤 행복에도 비교될 수 없는 것이다.

일을 한다는 것은 먹고 살기 위함이다. 풍요한 삶을 위함이다. 행복은 마음에서 만들어지는 것이다. 작은 것에도 감사할 때 행복이 만들어지는 것이다. 극히 평범한 일상의 잔잔함 속에도 큰 행복이 있는 것이다. 차 한 잔의 여유에서도 행복을 느낄 수 있는 삶이 되도록 스스로 만들어 가는 지혜가 필요한 것이다.

　무언가 새로운 계획을 하고 싶어졌다. 젊을 때부터 의식 속에 해 보고 싶었던 로망이다. 은퇴를 하고 나니 작은 야산을 갖고 싶은 욕망이 솟구친다. 그 땅에는 조경수로 어울릴만한 나무를 재배하고 싶어졌다. 머릿속으로는 수없이 생각해 보지만 잡다한 생각은 나 자신을 우유부단하게, 망설이게 한다. 땅은 어느 지역으로 할까? 그곳에는 세컨하우스도 있어야 되는데 예산은 얼마나 들까? 이 나이에 무슨 나무를 심어, 아니 나무는 그렇다 치더라도 관리는 누가 하고? 남들은 젊을 때 전원생활을 즐기고 나이 들어 관리가 힘이 들면 병원 가까운 도시로 돌아온다는데…. 온갖 생각으로 머리가 복잡하다. 이미 수십 그루의 조경수를 심은 것 같다. 이렇게 계획을 해 보는 것만으로도 행복이 가득하다.

　평생을 일에 매달려 휴식이라는 것을 모른 채 그렇게 일에만 매달려 왔다. 우리 시대의 사람들은 누구나 다 마찬가지였겠지만, 여유롭게 쉬는 것도 자신에게 용납되지 않았다. 직장과 가족 등 주변의, 무언의 요구에 그렇게 충실히 살아온 것이다. 그렇다고 이런 일상이 행복하지 않았다고 할 것인가.

그런데 은퇴를 하였어도 손에 일거리가 없는 것은 아직도 불안하다. 놀고 쉬는 것이 불안한 것이다. 이런 모든 것이 행복이고, 행복은 그렇게 만들어지는 것임에도 참 많은 걱정거리를 앉고 살아왔다. 어디서 읽었는지 어느 인문 강좌에서 들었는지 기억은 잘 나지 않지만, 내가 하는 걱정거리의 90퍼센트 이상은 괜한 걱정이라고 한다. 어른들은 우리 세대에게 가진 것 없어도 짝을 만나면 결혼을 하라 하시었고, 살면서 살림을 하나씩 만들어 가는 그 재미가 쏠쏠하다는 말을 하곤 하였다. 젊을 때는 큰 것에 행복을 느끼지만, 나이가 들면서 작고 잔잔한 것들에 행복을 느낀다. 행복은 그런 것이다. 고대 철학자 아리스토텔레스는 인생의 목표를 행복이라고 말했다 한다. 그 행복을 추구하기 위하여 당대의 사람들은 인생의 목표를 행복에 그 가치관을 두었다 한다. 그러나 사람들은 누구나 하나님으로부터 부여받은 은사가 있다. 우리는 그 은사대로 사는 것이다. 그냥 그렇게 사는 일상이 행복인 것이다.

당신은 얼마나 행복하십니까? '행복한 일이 하나도 없다'라고 생각한다면 그것은 전적으로 자신에게 문제가 있는 것이다. 주어진 환경에 적응하며 삶 자체를 감사하며 그냥 사는 일상이 행복인 것이다.

14
내가 나를 사랑하지 않는데, 누가 나를 사랑할까?

> **요일4:19** 우리가 사랑함은 그가 먼저 우리를 사랑하셨음이라.

내가 가장 사랑하는 사람은 누구일까? 우리는 살면서 많은 사랑을 경험한다. 부모에게 받은 사랑, 배우자와의 사랑, 아이들에게 쏟는 사랑, 형제간의 사랑, 그리고 친구나 동료와 나누는 마음 또한 사랑이다. 나를 설레게 하는 이성 앞에서는 그야말로 하늘의 별이라도 다 따다 줄 것처럼 원하는 모든 것을 다해줄 듯이 한다. 그런데 삶의 궤적에서 부모님, 아내, 아이들, 형제, 친구, 동료 등 많은 얼굴을 생각해 보지만, 가족을 제외하고 딱히 '사랑'이란 단어가 어울리는 사람이 떠오르질 않는다. 질문을 좀 바꾸어 보자.

'나는 나를 얼마나 사랑하는가?'

'나는 나 자신을 사랑하는 일에 얼마나 최선을 다했는가?'

'사랑은커녕 몸과 마음을 혹사하며 살아오지는 않았는가?'

조 바이텔 이하레아카라 휴 렌이 쓴 『호오포노포노의 비밀』에는 이런 내용이 나온다. '인생은 기억으로 사는 것과 영감으로 사는 것으로 나누어진다', '기억과 영감의 구분은 자신을 정화함으로 알 수 있다', '내 안에 있는 신성에게 "사랑합니다, 미안합니다, 용서하세요, 고맙습니다"라고 표현하는 것이 나의 영혼에 기적을 일으킨다'고.

여기서의 신성은 나 자신의 또 다른 이름이다. 내가 나에게 "사랑합니다, 미안합니다, 용서하세요, 고맙습니다"라고 말할 때, 비로소 나의 신성이 다른 사람의 신성과 교감하며 내 생활에 경이로운 모습으로 기적처럼 찾아온다고 저자는 말하고 있다. 나는 이 글을 읽으며 '나 자신에게' 미안해졌다. 아무리 생각을 해봐도 내가 나를 사랑해준 적이 없는 것 같았기 때문이다. 내가 나를 좋아하지도 사랑하지도 않는데 누가 과연 나를 사랑했겠는가? '자기 자신을 사랑하라'라고 가르치는 많은 인문학 강좌나 책을 익히 접하였음에도, 어떻게 하는 것이 내가 나를 사랑하는 것인지 그 방법을 잘 알지 못하였다. 말은 쉬운데 방법을 모르는 것이다. '나'라는 존재는 우주를 통틀어 하나

밖에 없는 영혼이라는 것이고, '나'라는 존재는 절대 다른 사람과 비교할 수 없는 독보적이고 세상에 딱 하나뿐인 귀한 존재라고 함에도 스스로 그리 귀히 여겨본 적이 없는 것이다.

돌이켜 보면 우리는 자신도 모르게 남과 나를 비교하고 구박하며 살았던 것은 아닐까? 자신에게는 작은 실수도 용납하지 않고 살아온 것 같다. 남에게는 너그러워도 자신에게는 엄격하였다. 왜 그랬을까? 현실을 살아가다 보니 어쩔 수 없었다는 변명밖에 할 말이 없는 것이다. 『호오포노포노의 비밀』을 읽고 나서는 일상에서 "사랑합니다, 미안합니다, 용서하세요, 고맙습니다"를 읊조렸다. 내가 힘들고 슬플 때, 어렵고 괴로울 때 나를 지켜준 존재는 바로 나 자신 안에 있는 '나'였음을 깨닫게 된 것이다.

자신이 지금 하는 일은 남들 보기에는 작아 보일지라도 자신에게는 무척 소중한 것이다. 자신이 하는 일을 남에게 칭찬받길 바라기보다는, 내가 먼저 나를 인정해 줘야 하는 것이다. 설사 자신이 잘못한 일이 있더라도 그 또한 내 모습임을 받아들이고 숨기지 말아야 한다는 것이다. 그리고 다른 사람도 있는 그대로를 인정하고 받아들이는 마음가짐이 모두 내가 나를 사랑하는 방식이라고 생각해 본다.

하나님은 사랑으로 우리를 창조하시었고, 노자도 '사랑은 人의 根本'이라 하였다. 우리는 사랑으로 만들어진 존재이다. 스스로를 사랑함은 너무나 자연스럽고 당연한 것이다. "만만치 잎은 세상에서 열심히 살아줘서 고맙다. 요령 한 번 부리지 않고 정도를 좇아가며 혹 사시켰지만, 윤리적인 마음을 잘 지켜줘서 고맙다. 나는 내가 참 고맙고 사랑스럽다"라고 되뇌면서 일상을 살아가자. 삶에 많은 자신감이 생겨날 것이다.

15
지금이 소중하다

> **마6:34** 그러므로 내일 일을 위하여 염려하지 말라. 내일 일은 내일이 염려할 것이요, 한 날의 괴로움은 그날로 족하니라.

삶이란 무엇인가? 세상에 자신의 자유의지로 태어난 사람은 아무도 없다. 태어났기에 살아야 하는 것이고, 살기 위해서는 일을 해야 하고, 사는 동안에는 끊임없는 자기 개발과 노력으로 이 세상을 헤쳐 나가야 하는 것이다. 그중에도 먹고사는 일이 만만치가 않아서 어쩔 수 없이 각자에게 주어진 달란트대로 오늘을 바쁘게 살아야 하는 것이다. "하늘에 계신 우리 아버지시여 이름이 거룩히 여김을 받으시오며 나라가 임하시오며 뜻이 하늘에서 이루어진 것 같이 땅에서도 이루어지이다. 오늘 우리에게 일용할 양식을 주옵시고"라고 간곡히

기도를 하는 것은 진리에 대한 감사함도 있지만 세상에서의 삶이 만만치 않기 때문이기도 할 것이다.

　세상은 참 아름답다. 그러나 그 안에 사는 인생은 고해의 연속이라고 생각하는 사람이 더 많을 것이다. 직장에 갓 입사하였던 사회 초년 시절, 통근버스를 놓치면 큰일 날세라 새벽부터 서둘러 통근버스를 기다리며 사회생활을 시작하였다. 이것이 70년대 우리들의 모습이었다. 한 대의 버스로 많은 직원들이 이용해야 하였기에, 먼 거리에 사는 직원들은 통근버스를 타기 위해 꼭두새벽에 집을 나서야 했다. 그나마 통근버스가 있는 직장은 복 받은 직장인이다. 오로지 일밖에 모르고 숨 가쁘게 회사 일에만 몰입하며 지내왔던 때의 모습도, 나의 사업을 위하여 작게나마 창업하여 동분서주하던 모습도, 후배에게 경영권을 넘겼던 일도 이제는 모두 지나간 과거가 되었다.

　태어나서 경험되어지는 세상은 사람마다 그 가치가 다 다를 것이다. 그러나 세상에 태어났으니 어쩌겠는가? 그냥 세상에 존재할 수 있게 해주신 眞理(진리)께 감사하며 살아야 하고, 보람되고 가치 있게 살기 위해서는 '어떻게 살 것인가?'를 고민해야 하는 것이다.

　러시아를 대표하는 세계적 문호이자 사상가인 톨스토이는 그 답으로 '자기 스스로가 성장을 해야 한다'라고 말하였다. 끊임없이 보다 나은 사람이 되도록 성장을 해야 한다 하였다. 그것은 노력에 의해서만 가능하고, 끊임없이 변해야 한다고 하였다. 그리고 행복해지기 위한 덕목으로 '사람은 무엇으로 살아야 하는가?'라는 질문에 '사랑'을 강조하였다. 성장을 위해서는 부단히 노력하여야 하고 행복해지기 위해서는 무조건적 사랑을 강조하였다. 세상을 살면서 '내게 소중한 것이 무엇인가?'를 생각하지 않을 수가 없는 것이다. 이러한 질문에 그는 『세 가지 질문』이라는 단편에서 이렇게 답하였다. '가장 소중한 때는 지금이고, 가장 소중한 사람은 현재 함께 있는 사람이고, 가장 소중한 일은 현재 함께 있는 사람에게 善(선)을 베푸는 것이다.'

그러나 이 소중한 것을 이행할 때, 선행이라는 도리 때문에 자신이 망가지는 것이 되어서는 안 될 것이다. 내게 가장 가까이 있는 사람에게 선을 베푸는 일도 '그 사람의 환경이 어떠한 조건이라도 상관없다고 단정해서는 안 된다'라는 생각이다. 함께 있는 사람이 물적 욕망이 큰 사람이라면, 마음으로만 베푸는 진심으로 그 사람의 욕심이 채워질 수 있을까? 물질을 우선하는 현실이라 해도 상대를 이해한다는 것 자체가 사랑이고 善(선)일 것이다.

다른 것은 잘 알 수 없으나 지금, 이 순간이 가장 소중하다는 말은 너무나 마음에 와닿는다. 우리는 지나간 과거가 현재를 있게 하였다는 사실을 잊은 채 지금을 살고 있지는 않은가? 나이 때문일까? 오늘의 지금도 과거의 지금이 만들어낸 결과이고, 오늘의 지금을 어떻게 사느냐에 따라 미래의 지금을 만들어 낼 것이고, 지금의 노력이나 도전만이 미래를 담보할 수 있다는 것을 인식해야 하는 것이다.

　어떠한 경우에도 과거로 다시 되돌릴 수는 없다. 어떠한 성공도 미래 속에서 만들어질 수는 없다. 미래에 바라는 환상을 이루어 내기 위해서는, 지금의 현실에서 노력해야 하기 때문이다. 조직심리학자 벤저민 하디는 '현재의 내가 미래의 자신의 잠재력을 결정한다'고 하였다. 지금을 살아내기 위해서도, 좋은 미래를 담보하기 위해서도, 부단히 자신을 개발하고 경쟁사회에서 온갖 지혜를 짜내며 살아야 하는 것이다. 어떠한 경우에도 과거로 돌아갈 수는 없다. 어떠한 성공도 미래 속에서 만들어질 수는 없다. 지금의 노력만이 미래의 희망인 것이다.

　인간은 본능적으로는 먹고사는 일이 전부인 것이다. 공중을 나는 새들을 보라. 이것들은 눈이 오나, 비가 오나 먹이 활동을 하는 것을 보게 된다. 둥지에는 지붕도 없다. 비가 오면 그대로 비를 맞고 새끼는 자신의 깃털로 지킨다. 시간도 없다. 시간은 우리 인간이 정한 것이다. 시간이 없으면 과거도 미래도 없다. 동식물에게는 시간이 존재하지 않는다. 오직 현재만 있을 뿐이다.

　인간들도 그렇게 시간을 무시해 버릴 수는 없을까? 새들처럼 지금에만 충실할 수 없을까? 지금 나와 함께 있는 사람을 사랑하자. 한참 세상을 살아야 하는 젊은 세대들이 일부러 고뇌하며 살 필요는 없다.

그러나 부단한 자기 개발과 공부하는 노력만이 후회 없는 인생의 열매를 맺을 수 있다고 말하고 싶다. 지금을 소중히 하자. 가장 가까이 있는 사람을 사랑하자. 후회하는 미래를 만들지 말자.

16
청년 설비인 들이여

 공중의 새를 보라. 심지도 않고 거두지도 않고 창고에 모아들이지도 아니하되, 너희 하늘 아버지께서 기르시나니 너희는 이것들보다 귀하지 아니하냐.

내가 설비설계 분야에 관심을 두게 된 것은 젊은 시절에 건강이 좋지 못했던 이유도 있었지만, 설비설계 엔지니어라는 직업이 점잖고 지적으로 보여졌기 때문이기도 하였다. 그러나 평생을 몸담아온 이 분야가 3D 업종으로 비춰질 것이라고는 상상도 하지 못하였다. 설비설계 분야를 이렇게 3D 업종이라고 단정하는 것은 업무 내용 면에서 다양하고 높은 전문 지식이 요구됨에 반하여, 턱없이 낮은 연봉에 하루도 빠짐없이 잔업을 하여야 하는 현실과 비전이 있어 보이지가 않기 때문이었다.

청년 인재들이 설비설계를 배우고 뜻을 펴 보겠다고 입문을 하였다가도 이러한 현실을 알게 되면 3년을 넘기는 직원이 많지 않았고, 극소수의 인력 정도가 겨우 그 명맥을 유지할 뿐이었다. 이직을 하더라도 설계 분야가 아닌 다른 분야로 이직을 한다면 모르겠지만, 같은 업종의 회사에 이직을 할 경우에는 결국 특별히 나은 조건의 회사를 찾을 수 없어 본인들은 실망을 하게 되는 것이다.

이러한 여건을 개선해 보고자 잔업을 하든 하지 않든 수당을 일률적으로 지급하며 무조건 잔업을 없애도 보았고, 동종의 업체들에 "과도한 경쟁을 자제합시다", "저가 용역을 하지 맙시다"라고 종용도 해 보았지만 아무 소용이 없었다. 그래도 의욕적으로 노력하는 직원들에게는 설계의 핵심을 전수하기 위하여 指導(지도)를 하면서 우리 회사 특색의 설계를 하려고 노력하였다.

이러한 노력 덕에 건창의 설계 내용이 충실하다는 소리를 듣기는 하였다. 그러나 이렇게 교육하여 간부로 육성된 직원은 좀 더 높은 급여를 제시하는 동종업계로 이직을 하거나 아예 다른 일을 해 보겠다며 떠나버리곤 하였다. 몇 번이고 다시 생각해 보라고 말미를 주지만 이를 막을 수가 없었다. 이런 직원 중에는 몇 년이 지나 여기저기 떠돌다 재취업의 의사를 밝혀 오기도 하였다. 본부장 및 팀장들과 재입사 여부, 급여 수준, 직책 등을 논의하지만 옛날 서열을 그대로 유지하기는 곤란하다는 의견이다. 그간 헌신적으로 근무를 해온 후인들의 비전도 생각을 해야 한다는 것이 직원들의 의견이다. 안타깝게도 이런 이유로 이들은 회사에서 다시 제시하는 조건을 받아들이지 않는 한 함께 일할 수가 없게 되는 것이다.

이제 막 학교를 졸업하고 처음 사회에 진출하는 젊은 후학들에게 "첫 직장의 선택이야말로 정말 신중하게 해야 한다"라고 말하고 싶다. 그리고 그 선택한 직장에서 "어떻게 적응하느냐에 따라서 인생의 길도 달라진다"라고 말하고 싶다. 그 선택은 어떤 대학의 어떤 학과를 선택하는 것만큼이나 신중을 기해야 하는 것이다.

지금 자신이 몸담고 있는 직장이 적성과 분위기가 자신에게 맞는 직장이라면 우직함을 보이는 것도 괜찮다고 생각한다, 그러나 자신의 적성에 맞는 일이라고 해서 반드시 모든 것이 잘되어 노력한 만큼의 좋은 결실을 얻거나 보답을 받는다고는 생각하지 않는다. 당장 수익으로 보장되지는 않더라도 쉽게 단념하지는 말라는 조언을 하고 싶다. 노력을 하다 보면 그 노력을 알아주고 미래를 보장하는 기회가 반드시 온다고 말해주고 싶다.

기독교인이라면 여호와 하나님께서 그 길을 인도해 주실 것이고 불교인이라면 부처님께서, 이슬람을 믿는 사람이라면 알라神(신)이, 종교가 없는 사람이라면 그들의 조상이나 당신이 알지 못하는 거대한 眞理(진리)가 당신을 인도해 주실 것이기 때문이다. 이를 믿어 보자는 것이다. 당장의 손익계산에만 의존하는 것과 지속적인 노력도 없이 큰 성취를 바라는 것은 정상적이지는 않다는 말을 하는 것이다.

　자신을 변화시키는 것은 외부 조건에 있는 것이 아니다. 자기 스스로의 의지와 노력에 있는 것이다. 실천의 주체는 자신이라는 말이다. 盡人事 待天命을 하라는 것이다. 머릿속으로만 이것저것을 생각하며 실천에 옮기지 않는 것은 아무 의미가 없는 것이다. 세월 속에 갇혀서 지나치게 현실에만 매달리다 보면 아무것도 이루지 못함을 간과하지 말아야 할 것이다. 나중에는 후회밖에 남는 것이 없는 것이다. 10년 전이나 20년 전이나 똑같은 세월에 머물러 있게 되는 것이다. 신중하게 첫 직장을 선택하고 선택한 직장에서는 우직할 정도로 성실하게 근무를 하면서 관련된 공부를 꾸준히 하여 자신의 스펙을 쌓으라고 이야기해 주고 싶다.

17
스스로 당당하고 창의하라

 너희 중에 누구든지 지혜가 부족하거든 모든 사람에게 후히 주시고 꾸짖지 아니하시는 하나님께 구하라, 그리하면 주시리라.

우리나라의 70년대에 건설은 경제성장을 중추적으로 이끌었던 주된 산업이었다. 전쟁으로 파괴되었던 도시들도 어느 정도 복구되고, 이후 많은 건설업체가 중동으로 진출하는 시기를 맞기도 하였다. 내가 공사에 입사한 당시, 전년도의 건설 호수가 3천여 세대였는데 입사를 한 연도의 건설 목표가 5천 호였던 것으로 기억이 된다. 정부의 경제개발 5개년 계획에 따라 공업단지마다 근로자를 위한 임대아파트가 건설되었고, 전국으로 국민주택을 건설하게 되면서 연간 공사의 건설 물량이 2만 호, 3만 호로 급격한 증가를 보였다.

그런데 당시만 해도 설비 분야는 설비설계사무소가 두세 업체에 불과하였고 설비 관련 자재들 중에는 생산되지 않는 품목들이 많았다. 그래서 설계를 하더라도 생산 가능 여부를 확인해야만 하였다. 이러한 설비건설 환경과 더불어 젊은 창업자들이 자신들이 개발한 자재 샘플을 들고 공사를 방문하는 것을 참 많이 볼 수 있었다. 이들 중에는 성격이 얌전하고 점잖아 보이는 사람도 있었고, 외향적이고 붙임성이 좋아 쉽게(?) 윗분들과 교제를 잘하는 사람들도 있었다. 전자의 사람은 소심해 보여서 '사업을 잘 헤쳐갈 수 있을까?'라며 안쓰러워하기도 했지만, 그들에게는 정직함이 있어 보였다. 반면에 붙임성 좋고 영업이 탁월한 사람은 윗분들에게 지나치게 굽신거리는 모습을 보여서 호감이 잘 가지 않기도 하였다. 그러나 '어떻게 하면 저렇게 할 수 있을까?'라며 대단하다는 생각도 들었다.

우리는 일상에서 많은 사람들을 만나 교제를 해야 한다. 만남이라는 교제 없이는 사회생활을 유지할 수가 없기 때문이다. 특히 영업상 만남을 가져야 할 때는 왠지 긴장도 해야 하고, 만남에 대하여 지레 이런저런 상상도 하고 궁금해하며 염려하기도 하는 것이다. 그러나 내가 보아 왔던 많은 청년 창업자들에게서는 자신의 목표를 향해 멈추지 않고 나아가는 꾸준함을 볼 수 있었다. 어떤 창업자는 자신이 개발한 제품 샘플을 비닐 끈으로 묶어 양손에 들고 오는 이도 있었고, 어떤 창업자는 비록 소규모의 공장이지만 방문을 요청하여 자신의 사업계획, 생산계획을 설명하기도 하였다. 공사의 지급 자재로 입찰 되어 납기를 맞추고자 사업장 문을 걸어 잠그고 주야로 생산에만 전염하는 어느 거울 생산자의 경우도 보아 왔다. 펌프류, 보일러, 파이프, 탱크류, 욕조, 수도꼭지, 밸브, 배수 금구류, 수처리기, 제진기, 기화기 등의 업체들은 저마다 선진국의 기술을 수입하여 국산화하였다.

그런데 사람들은 자신이 처한 위치에 따라 태도와 마음가짐이 참 많이 다른 것 같다. '갑'의 위치에 있는 직원은 자신이 무슨 대단한 사람인냥 '을'을 가르치고 교육을 하기도 하였고 '을'은 모든 자존심을 내려놓고 상대의 비위를 맞추려고 노력하였다. 어쩌면 비굴해 보이기까지 하였다. 이러한 것이 우리가 사는 사회의 모습이다. 그러나 온갖 창의성으로 신제품을 만들어내고, 이를 홍보 또는 판매코자 공사를 찾아 자신의 제품을 설명하며 영업을 하는 것이다. 그럴 때 '갑'이라는 이유로 신제품에 대하여 지도하며 난도질하는 경우를 보아 왔다. 그러나 오랜 세월이 흐르고 나니 개발자는 세월과 더불어 자신의 분야에서 중견기업의 한 축으로 성공해 있음을 보아 왔다. 반면 '갑'질하던 공직자는 은퇴 뒤에는 이러한 회사에 영업으로 재취업하는 것을 참 많이도 보아온 것이다.

입사하여 설계자로서 어느 정도 업무가 익숙해 지면서 중소기업

사장들이 인사차 방문을 하는 일이 많아졌다. 손님이 오실 때마다 나는 자리에서 벌떡 일어나 그들을 맞이하곤 하였다. 뒤에 앉아 있는 과장이 몇 번이고 점잖게 주의를 주었던 것으로 기억된다. 출입하는 업체를 그렇게 대하면 안 된다는 것이었다. 나의 이러한 행동으로 윗사람에게 미운털이 박히고 말았다. 이는 나중에 진급에도 영향을 미치게 되었다.

이럴 즈음에 감사실에서 같이 일하자는 제의가 있어 감사직으로 보직을 옮기었다. 3년 뒤 설계부서로 다시 복귀되고 공사에서 최초로 을지로 재개발지역에 건설하는 254,000㎡ 규모의 최첨단 빌딩설계의 설비설계를 주도하게 되었다. 6년에 걸쳐 설계부터 건설까지 건물을 완공시킨 후, 본 건물의 유지관리를 이유로 퇴사를 권유받게 되었다. 비록 타의에 의하여 퇴사하게 되었지만, 새로운 도전으로 건축기계 분야의 기술사를 취득했고, 이는 설비설계사무소를 창업하는 계기가 되었다. 아마도 공사에서 기계 분야로는 처음이었던 것 같다.

리처드 J. 라이더는 『인생의 절반쯤 왔을 때 깨닫는 것들』이라는 저서에서 '인생 중반쯤에 자신의 모든 것을 점검해 보고, 바꿀 것은 바꾸고 고칠 것이 있으면 고치라'라고 강조하였다. 나도 청년들에게 도전해 보라고 말하고 싶다. 세상과 부딪치다 보면 예기치 않는 일이 생기게 되고 직장 문제로 번민하는 경우가 있을 것이나. 자신민의 사정이 있고 처한 환경이 있을 수는 있겠지만, 한 번쯤은 자신의 사업이나 새로운 일에 도전해 보라고 말하고 싶다. 그리고 무슨 일을 하든지 당당하라 덧붙이고 싶다. 자신에게 부족한 것이 있을지라도 자신은 다른 사람이 갖지 않은 또 다른 재능을 갖고 있다는 것을 믿어 보라고 말하고 싶다. 다른 사람이 갖지 않은 나만의 재능이 있다는 것을 믿으라는 것이다. 그 재능을 찾아 스스로 당당하고 창의하라고 말하고 싶다. 쉽게 포기하지 말고 자신에게 숨어 있는 재능을 발견하고 도전해 보라는 것이다.

PART 02

세상이 그런 거야

01
人間의 本性이란 무엇일까?
<small>인 간　　본 성</small>

 깨끗한 양심에 믿음의 비밀을 가진 자라야 할지니.

　우리들이 세상을 살다 보면 자신의 마음과는 달리 전혀 예기치 못한 일을 당하여, 평소에 좋게만 보아 왔던 사람으로부터 배신당할 때가 있다. 그런 일로 상처를 받게 될 때는 상대에게 실망스럽기도 하지만, 자신에게 후회하는 자괴감에 괴로워하기도 한다. 직장에서 만난 동료들끼리 서로가 좋은 낯으로 좋은 모습으로 노력하며 협력하며 지내다가도, 어쩌다 의견충돌로 다투기라도 하였을 때는 쉽사리 화해가 이루어지지 않고 자존심 싸움이 되어버리기도 한다. 물론 금방 "미안합니다"라고 사과를 하는 사람도 있겠지만, 그 앙금이 쉽사리 사라지지 않는 것이 우리들의 속성 때문이라는 생각을 해 보게 된다.

　맹자는 '인간의 본성은 본디 善(선)하다'라고 하였고 순자는 성악설을 주장하였다. 사람은 동물들과 달라서 마음속 바탕에 이성적이고 윤리적이며 욕구적인 심성을 함께 갖고 있다 하였다. 이성적이라는 것은 옳고 그름을 판단하는 것이고, 윤리적이라는 것은 인간이 사람으로서 해야 할 바른 도리를 말하는 것이다. 그런데 본인 스스로가 윤리적 기준을 정하는 것이어서, 자유의지에 따라서 옳고 그름으로 행동하게 됨이 사람마다 너무나 큰 차이가 있는 것이 아니겠는가? 거기다가 욕망과 이기적인 심성까지 내면에 감추어져 있는 것이다. 하여 우리들이 사는 이 세상이 불합리와 부조리로 미쳐 돌아가는 듯한 느낌을 받게 됨은, 하등 이상할 것이 없다는 생각을 하게 된다.

　나는 살면서 인간은 善(선)한 심성의 지배를 받는다고 믿어 왔다. 그랬던 생각이 30년이라는 세월 동안 건축기계 설비설계사사무소를 경영해 오면서 생각이 많이 바뀌게 되어버렸다. 교제하고 만나 왔던 사람들이 이해 충돌이 없을 때는 한없이 너그럽게 보여졌던 모습과 달리, 이해관계 앞에서는 그 모습이 완전히 달라지는 것을 자주 보아 왔기 때문이다. 사람들의 이러한 욕심과 이기적인 행위를 봐오면서 인간의 본성은 선한 양심보다는 이기적인 욕망의 지배를 더 크게 받는다는 생각을 떨칠 수가 없었다.

비록 작은 규모의 설비설계사무소였지만, 사업체를 30년 동안 경영해 왔다. 나이 들어 좋은 선례를 남기겠다는 생각으로 누구든 3자에게 후계 자리를 물려주어 소신껏 운영할 수 있도록 경영권을 마련해 주고자 하였다. 그리고 회사 설립자로서 나의 가치관을 존중해 줄 수 있는 반듯한 성품의 사람을 기대하였었다. 그러나 나의 이런 바람과는 달리, 가치관이 전혀 다른 사람이 다른 선한 모습으로 내게 나타난 것이라는 생각을 지울 수가 없었다. 설립자로서의 존중과 역할을 기대하였고, 평생 윤리적 경영을 노력해 왔던 나의 신념을 계승해 주기를 기대했으며, 질 높은 설계를 지향하기를 바랐다.

그러나 이러한 기대는 처음부터 산산이 부서져 버렸다. 경영권을 넘겨받은 순간 이제는 자신의 회사라는 강한 집념을 보이면서, 나를 조직 외의 사람으로 취급해 버렸다. 그 모습을 보며 윤리경영은커녕 뇌물이나 뒷돈으로 용역을 수주하는 것이 당연한 사고의 사람이란 생각이 들었다. "그렇게 하지 마세요"라고 하면 나는 그런 사람이 아니라고 펄쩍 뛰면서 간섭도, 잔소리도 하지 말라 했다. 보통이 아니었다. 그리고 머릿속에는 온통 비자금을 어떻게 마련하나 하는 생각으로 가득 차 있는 듯하였다. 그런 생각의 소유자가 '왜 자신이 직접 투자하여 사업체를 설립하지 않고 나의 사업체에 찾아왔을까?'라는 생각이 들기도 하였다. 경영권을 넘겨받기 전까지 보여주었던 순박할 정도로 善(선)해 보이던 모습은 무엇이었을까?

목적을 위해서라면 어떤 짓도 할 수 있는 사람은 어떤 사람일까? 자신에게 이로울 때는 온화하고 더없이 착해 보이는 사람? 어떤 것이 善(선)이고 어떤 것이 惡(악)일까? 인간의 기준으로 판단되는 善惡(선악)과 절대 眞理(진리)의 기준으로 판단되는 善惡(선악)의 기준은 다른 것인가? 인간의 본성에는 선악이 모두 함께 공존하고 있는데 이성적, 윤리적, 욕구적 심성이 성장 과정에서 어떤 쪽 심성으로 학습되었나에 따라서 욕심 앞에서 선악이 표출되는 것이라는 생각을 하게 한다.

사촌이 땅을 사면 배가 아프다는 우리 속담이 있다. 사촌이 논밭을 샀는데 왜 내 배가 아파야 하는 것일까? 가까운 사람이 땅을 샀으니 부러운 것이고 질투심이 있다는 것이다. 이것을 진심으로 축하하지 못하는, 도저히 이해할 수 없는 우리 자신의 부족한 심성을 생각해 본다. 심성과 본성은 어떻게 다른 것인가? 남이 잘되는 꼴을 도저히 보지 못하는 심보, 이것은 또 무엇인가?

02
容_용恕_서

> **엡4:32** 서로 친절하게 하며 불쌍히 여기며 서로 용서하기를, 하나님이 그리스도 안에서 너희를 용서하심과 같이 하라.

간혹 억울한 일을 당하여 삶이 힘겨워 지쳐있을 때, 이 힘든 환경에서 벗어나기 위한 온갖 생각에 마음도 정신도 피폐해진다. '왜 더 나은 선택을 하지 못했을까?'라고 지난 선택을 후회하기도 하고 과거와 미래에 구속되어 현재를 부정하기도 한다. 스스로 '억울하다'라고만 생각되어 자기 자신의 잘못은 생각조차 할 수가 없다. 이로 인하여 힘들고 고통스러운 현실을 받아들이고 싶지도 않아, 억울한 일을 당한 것이 누구 때문이라고 단정한다. 그리고 憤_분을 토하며 삶의 무게에 더 이상 어찔 수 없는 상황으로 주저앉기도 한다. 돌이킬 수 없는 상황에서 어쩔 수 없이 기대나 희망을 포기하며 '이제는 내려놓아야겠다'라고 체념을 하려 해도 머릿속에서는 쉽게 지워지지를 않는다.

이는 스스로의 잘못을 인식하지 못하였기 때문에 더 힘들어지는 것이라 생각한다. 이러한 상황이 惹起(야기)된 것이 자신의 욕심 때문이라고, 자신이 선택을 잘못하였기 때문이라고 탓하며 무조건적으로 모든 것을 내려놓아야 하는 것인데, 그렇지 못하기 때문에 힘든 것이다. 무조건적으로 내려놓아야 한다. 그래야 평안을 얻게 되는 것이다. 세월이 약이라는 속담이 있다. 시간이 지나고 보면 용서도 가능한 것인가? 마음의 평안을 찾는 방법은 모든 것을 자신의 탓으로 인정하고 용서를 해야 한다는 생각을 해 본다.

살아오면서 어떤 일을 하든 외부의 가치에 치우치지 않고 나 자신의 가치를 추구하는 삶을 살고자, 윤리를 소중한 가치로 생각해 왔었다. 은퇴할 나이가 되어 혼자만의 생각으로 '좋은 선례를 남겨보자'라는 의도로, 작은 사업체지만 후배에게 경영권을 맡기려 하였다. 그러면 후배는 직장이 생겨서 좋고 나는 새로운 역할을 할 수 있을 것이라 기대하였던 것이다. 그런데 이는 혼자만의 생각이었다. 사업체만 빼앗겼다는 생각이 지워지지를 않는다. 아무런 생각 없이 잘 좀 해 보라는 뜻으로 경영권을 넘겨주었는데, 이제부터는 '내가 이 회사의 주인이다'라며 창업자인 내가 보유한 주식도 모두 자신에게 넘기라고 했다. 법인을 개인사업자처럼 운영하며 창업자를 없는 사람 취급해 버리는 이 버릇없는 욕심 앞에 망연자실할 뿐이다.

이것이 충격으로 다가왔는지 갑자기 귀가 들리지 않고 소변에서 피가 섞여 나오고, 어지러움에 구토증에 병원응급실 신세를 져야 했었다. 그러한 억울함도 이 모두가 나 자신의 욕심 때문이라고 반성해야 하는 것이다. 세상이 무서운 것이 가해자는 아무런 의식 없이 당당한데, 피해자가 오히려 가해자에게 눈치를 봐야 하는 현실이 되어 버렸다. 무엇이 잘못된 것일까?

힘든 고통을 견뎌내다 보면 전보다 성숙된 내가 만들어지는 것 같다. 그리고 분명하지는 않지만 지나온 과거에서 잘못된 것이 무엇이 있다는 것을 스스로 알게 되어, ego(에고) 덩어리의 자아에서 참자아를 찾아가는 기회가 주어지기도 한 것 같다. 세상에서 일어나고 있는 모든 일들은 절대 眞理(진리)의 시선에서 보면 善惡(선악)으로 나누지 말고 자연 현상 그대로 받아들이라는 것이다. 그런데 인간의 윤리적 기준에서는 무엇이 善(선)이고 무엇이 惡(악)인지를 이분법적으로 구분해야 한다. 이 때문에 삶이 고달프거나 좋지 못한 일을 당했을 때 마음속에서 앙갚음을 하겠다고 뒤끝을 보이게 되는 것이 아닐까? 그렇기에 수양이 부족한 사람은 누구를 容恕(용서)한다는 것이 어려울 수밖에 없는 것이라 생각된다.

누가 누구를 容恕(용서)해야 하는 것인가? 또 容恕(용서)란 무엇인가?

우리들의 마음속에는 항상 긍정과 부정이 대립하고 있다. 부정적 생각이 일어날 때 스스로 반성을 하며 이 부정적인 생각이 아무 쓸모없는 생각임을 스스로 인식하게 된다면, 지금까지 일어났던 모든 분한 억울함도 내려놓을 수 있을 것이다. 현실적으로 가해자가 최소한의 고통에도 시달리지 않는다면 너무나 억울한 마음에, 용서보다는 그가 잘못되기를 바랄 것이다. 이러한 연유로 '용서는 쉽게 이루어지기 어렵다'라고 생각된다. 부정적인 생각이 나를 괴롭히는 목적은 무엇일까? ego에 의한 욕심 때문일 것인데…. 스스로 부정하는 마음을 억누르면서, 평안을 찾으려고 고통을 겪어 온 것에 대해 부정적이었던 악한 마음을 내려놓는 것이 용서가 아니겠는가?

사업체의 이러저러한 일로 나를 그토록 얼어붙게 했던 감정이 이제야 조금씩 안정을 찾아가는 것 같다. 모든 것을 잊기 위해서는 어딘가 몰입할 곳을 찾아야 하는데 그것 또한 쉽지 않다. 여행을 할 때나 얕은 야산이나 마을 둘레길이라도 걸을 때에는 잠시나마 잡념을 잊게 된다. 최근에는 그간 잊고 있었던 바둑을 두게 되었다. 이 시간만큼은 멈춘 듯 평안하다. 이 얼마나 감사한 일인가?

하나님은 조건 없는 사랑을 강조하시었다. 하나님은 사랑이시다. 사랑 없이는 용서가 어려운 것이라면, 용서는 곧 하나님의 성령이라는 생각을 해 본다.

자신의 욕심이 좋지 않은 일들을 만들 듯이, ego가 우리를 지배하며 너무나 당당하게 호령질을 하는 세상이다. 容恕(용서)를 허락하시는 주님 감사합니다.

03
세상이 왜 이래?

창2:17 선악을 알게 하는 나무의 열매는 먹지 말라. 네가 먹는 날에는 반드시 죽으리라 하시니라.

    요즈음 우리가 살고 있는 이 세상은 사회 전반에 걸쳐 윤리의식이 실종되어 부조리와 부정부패가 만연한 사회가 되어 버린 것 같다. 그리고 저마다 이념의 색깔이 너무나 극명하여 국민들은 진보와 보수로 분열되어 버렸다. 그 옛날에도 사람이 사는 사회는 부패와 술수 등이 항상 있어 왔다는 것을 역사의 학습으로 알고는 있었다. 그러나 '요즘 세상만큼이나 그랬을까?' 하는 생각마저 드는 것이다.

    경제성장으로 옛날보다 훨씬 잘 살게 된 사회가 되었음에도, 세상은 더 혼탁한 것 같다. 대인관계 또는 상생이라는 명분의 가면을 쓰고 암묵적으로 부조리가 심하게 이루어지고 있는 것이 요즘의 세상이다. 정치, 경제, 사법, 행정, 건설, 교육, 사회, 체육, 문화, 농어촌까지 어느 한 분야도 '제도적으로 잘 운영되고 있다'라는 생각이 잘 인식되지 않음은 왜일까? 사회적으로 힘이 있고 권력의 중심에 있는 위정자들 대부분이 그렇게 보여지는 것이다. 그 위정자는 '나'일 수도 있고 당신일 수도 있다. 물론 모두가 다 그렇다는 것은 아니다. 대부분의 선한 근로자들은 각자의 생업 일터에서 자신의 몫을 묵묵히 살아왔었기에, 오늘날과 같은 경제성장이 이루어졌음은 틀림없는 사실이다.

세상은 선과 악으로 나뉘어 이분법적으로 대립한다 했던가? 악한 모습들은 교묘하게 선한 모습의 가면 속에 숨어 선악으로 뒤엉키어 돌아가고 있다. 이런 세상에서 '우리는 어떻게 살아야 하는가?'를 고민하지 않을 수가 없는 것이다. 그냥 지혜롭게 살라고 말하기에는 너무나 무책임하고 무기력하다는 생각을 하게 되는 것이다.

정치인들이나 전문 패널들이 출연하는 방송을 시청하노라면 진행자는 진행자대로, 진보나 보수성향의 게스트는 그들대로 어쩜 그렇게 상대의 의견은 들을 생각은 않고 자기 할 말만 하는 걸까? 이들은 모두가 한결같이 국민을 위한다고 한다. 하지만 시청하는 입장에서는 조금도 국민을 위한다는 생각이 들지 않음은 왜일까?

부정부패, 이권 카르텔, 주식 조작 사건, 돈봉투 사건, 부동산 사기,

살인 및 영아 유기 사건, 간첩 사건, 사회 전반의 실체가 보이지 않는 세력, 중용을 상실한 것 같은 사법부에 대한 우려 등 국민들은 이 모든 것이 피곤한 것이다. 국회는 국민들이 원하는 나라를 위하여 진지하게 토론을 할 수는 없는 것인가? '세상이 왜 이래?'라며 여기저기 탄식만이 들리는듯하다. 우리나라는 건국일이 분명치 않은 나라이다. 나라를 건국한 대통령은 분명 있는데 인정하지 않는다. 분단과 좌우 이념으로 싸움만 일삼는 현실에서 아직도 현대사의 정리가 제대로 되어있지 않은 것이다. 왜 이렇게 되었을까?

얼마 전에 강원도 고성지방 여행을 한 적이 있었다. 금강산 구성봉이 보이는 최북단 통일전망대와 대한민국 건국 초대 대통령인 이승만의 별장에 들렸었다. 별장은 소박하였다. 이승만 대통령의 일생과 업적에 대하여 간략하게 기념되어 있었다. 아직도 기념관 하나 없는 대한민국에서 그나마 그의 별장에 기록이 전시되어 있음이 반갑게 다가왔다. '자유의 권리만 알고 자유의 한계를 모르는 자들은 자유의 권리를 누릴 자격이 없다'라는 말씀은 요즈음의 위정자들에게 예언적으로 한 말씀 같았다. 건국 당시부터 우리 대한민국은 그 정체성이 자유민주주의를 표방하고 있다. 한때 어느 정부인가가 자유를 지워버리고자 하였던 것이 생각났다.

어느 세월이면 이 세상이 안정을 찾을 수 있을까? 노자는 '天地不

仁(인) 以萬物爲芻狗(이만물위추구)'라 하였다. 이는 '하늘과 땅은 치우친 사랑을 베풀지 않아서 만물을 짚으로 만든 개처럼 여긴다'라는 내용이다. 천지를 창조한 창조주 眞理(진리)의 입장에서는 어떤 만물도 쓰여지다가 그냥 버려지는 것이다. 그런데 미물에 불과한 세상의 사람들이 이것저것 온갖 것을 좌지우지하는 착각과 오만으로 결국에는 芻狗(추구)[2]가 된다는 것이다.

이 글귀를 어떤 사람은 이렇게 해석하기도 하였다. '天地不仁(천지불인)'은 인간의 잔꾀 같은 집착 따위로 어떻게 감히 건드려질 수가 없는 어마어마한 질서라는 뜻으로, 결국은 그런 모사꾼 같은 인간들은 스스로 망가진다는 의미라는 것이다. 너무나 속 후련한 해석이어서 감사한 생각이 들었다. 어떤 만물도 영원한 가치 따위를 두지 않는다는 뜻일 것이다. 언젠가는 '세상이 왜 이래?'라고 울부짖는 국민이 없는 평화의 자유 대한민국이 우뚝 서기를 기대해 본다.

---

2) 芻狗(추구) : 짚으로 만든 개

04
우물에 갇힌 설비설계용역

> **고전3:16** 너희는 너희가 하나님의 성전인 것과 하나님의 성령이 너희 안에 계시는 것을 알지 못하느냐.

井底之臥 坐井觀天(정저지와 좌정관천). 이는 우물 안의 개구리라는 뜻으로 넓은 세상을 모르는 사람을 비유적으로 이르는 말이다. 또 큰 세상을 보지 못하고 자신이 처한 현실에서 安住(안주)하고 있다는 말이기도 하다. 개구리는 어떻게 우물에 갇히게 되었을까? 그 안에서 태어난 것인가? 운이 나빠서 뛰어 들어가게 된 것인가? 아니면 개구리가 스스로 선택한 것인가?

우물 안에서 개구리가 보는 세상은 동그란 하늘밖에 없을 것이다.

이 우물에서 보여지는 하늘에도 햇빛이 눈부신 날이 있을 것이고, 흐리고 캄캄할 때도 있고, 비가 올 때도 눈이 올 때도 있을 것이다. 때로는 우물 밖 세상에서 다른 개구리들이 우는 소리가 들렸을 때도 있었을 것이고, 고양이 우는 소리, 개가 짖는 소리, 닭이 우는 소리가 들릴 때도 있어 우물 밖에도 다른 세상이 있음을 알았을 것이다. 다만 개구리는 자신의 능력으로는 어찌할 수가 없어 그렇게 갇혀 있는 것이 아니겠는가? 그러나 세상을 살면서 크든 작든 꿈이 없는 사람이 어디 있겠는가?

먹고살기 위하여 취업을 하고, 일생 살아온 삶이 건설 분야 중 건축기계설비설계라는 설계용역분야였다. 그런데 지나고 보니 우물 안의 개구리같이 건축법(건축사법)이라는 깊고 깊은 우물에 갇혀서 설비설계용역을 해 왔다는 생각을 지울 수가 없다.

설비설계를 처음 시작했을 때만 하여도 설비시설은 내게 대단히 큰 감동으로 다가왔었다. 그곳은 당시 졸업 직후 첫 직장이었고, 공기업의 담당 계장님이 내게 많은 관심을 보이며 우리 부서에서 계속 같이 일하자고 제안을 하셨다. 설비시설이 완공되어있는 현장을 견학하는 오리엔테이션을 하기도 하였다. 지금까지 교재에서 이론적으로도 학습하지 못했던 대용량의 산업용 보일러, 한 번도 들어본 적 없는 대형 저탕탱크, 열교환기, 수처리 장비 및 고온고압의 순환펌프류, 장치와 장치들을 서로 연결하는 질서정연한 크고 작은 규격의 배관 시설들은 나를 유혹하기에 충분하였다.

　계장님은 이러한 시설들을 설계하는 전문 엔지니어로 일을 같이 해 보자는 것이었다. 이때부터 공부를 하며 내공을 쌓아온 설비 기술로 어언 50년을 몸담아왔다. 그러나 건축사로부터의 하도급 신세를 벗어 나지 못했던 현실에 영락없는 '우물에 갇혀버린 개구리였다'라는 생각 을 지울 수가 없는 것이다. 건축설비가 어떻게 시설되느냐에 따라 건 물의 가치가 달라지고 에너지 소비량이 달라질 수 있다. 그럼에도 건 축과 서로 협의하여 계획되지 못하는, 건축의 일방적인 계획됨에 맞 추어 설비를 해야 하는 제한된 설계만을 해왔으니 말이다.

　개구리는 어떻게 우물에 갇혔을까? 우물에 갇힌 개구리는 어떻게 이 상황을 벗어날 수 있는 것일까? 비가 많이 내려서 우물이 가득 차 넘칠 때를 기다려야 하는 걸까? 아니면 지진이 일어나 우물이 무너져 내릴 때 운 좋게 살아남기를 바라야 하는 것일까? 밖으로부터 변화의 바람이 불어, 누군가가 우물에 빠진 개구리를 가엽게 생각하고 다른 양서류들과 똑같은 조건을 부여해 주기를 막연히 기다리고 있어야 하 는 건가? 우물 밖에는 온당한 세상이 있음을 잘 알면서도, 우물이 너 무나 깊어 어쩔 방법이 없다고 핑계만 대고 있던 것은 아닌가?

　'극히 소극적인 노력으로 운 좋게 누군가가 구조해 주기만을 바랐던 것이 지금까지의 설비 모습이었다'라는 생각을 지울 수가 없다. 제도적으로 우월적 지위를 가진 건축(건축사)은 설비를 자신들의 영역이라고 생각하고 있으면서도, 다른 한편으로는 귀찮은 존재라고 생각하는 것 같기도 하다. 건축은 설비들이 정당한 몫을 요구하는 것이 싫어서, 설비라는 양서류를 우물에서 나오지 못하게 하고 있는 것은 아닌가? 아니면 설비 스스로가 겨우겨우 먹고는 사니까 변화와 개혁의 바람을 위하여 총대를 메지 못했던 것은 아닌가? 이런 모든 상황이 사실이라는 생각이 들기도 하는 것이다.

 1934년 6월 20일, 일제 강점기에 조선총독부에서 조선시가지계획령을 제정 시행하였다. 이후 1962년 1월 20일에 건축 관계 법규만을 분리하여 건축법이 만들어지고, 이 법령 안에 건축설비 기준 등이 규정되었다. 이렇게 건축이라는 거대 우물 속에 설비가 갇힌 채 지금까지 허우적거리고 있는 것이다.

 설비설계인들이 식견이 좁아 세상 물정을 모르는 사람들인가? 아니면 설비 전체를 외면하는 이기적인 공동체이기 때문인가? 그토록 설비설계인들이 우물을 벗어나기를 원하였지만, 그 우물을 벗어나기 위해서 싸우지 못하였던 이유는 무엇이었을까?

 건축법이 만들어졌던 시기는 우리나라의 건설이 낙후되었던 시기이기도 하였지만, 설비설계에 대한 개념도 지식도 없었던 시절이었다. 이후 건축 분야가 발전되자 건축설비 분야가 광범위하게, 공학적으로 다양하고 깊은 지식이 요구되었다. 그런 것에 비해 건축으로부터 하도급의 부족한 용역대가로 많은 일들을 처리하다 보니, 자신들을 희생하는 도량이 큰 사람이 되어 버린 것이 설비설계인인 것이다. 설비는 용역비를 깎일 대로 깎이면서도 프로젝트에 끼워주는 것만으로 감사해야 한다는, 그렇게 생색을 내는 건축보다 한결 사람답지 않은가?

井底之臥³⁾ 坐井觀天. 설비설계인들은 건축의 종속적인 환경에서도 설비를 다른 선진국 못지않게 발전시켰다. 하지만 그런 환경에서도 적어도 큰 세상을 모르고 현실에 안주만 하지는 않았다고 감히 말하고 싶다. 이것만으로도 '얼마나 감사한 일인가?'라고 위로해 본다.

---

3) 井底之臥 : 장자의 秋水篇에 黃河의 신 河伯이 처음 바다를 보았다 한다. 끝없이 뻗어 있는 동쪽 바다를 바라보며 北海의 신 若에게 말했다. "나는 지금까지 이 세상에서 黃河가 가장 넓은 줄 알았는데 지금 이 바다를 보고서야 넓은 것 위에 더 넓은 것이 있다는 것을 깨달았소. 내가 여기를 와 보지 않았던들 영영 식자들의 웃음거리가 될 뻔했소." 그러자 北海의 신이 말했다. "우물 안 개구리에게 바다에 대해 말할 수 없는 것은 그들이 사는 곳에만 사로잡혀 있기 때문이요. 그러나 그대는 이제 큰 바다를 구경하고 자기의 부족함을 알았으니 함께 眞理를 말할 수 있을 것 같소"라고 하였다. 이 고사에서 井底之臥가 유래 되었다 한다.

05
힘 있는 자는 입으로 일한다.

 우리가 너희와 함께 있을 때에도 너희에게 명하기를, 누구든지 일하기 싫어하거든 먹지도 말게 하라 하였더니.

을지로 일대 낙후된 인쇄 골목 정비사업으로 25만 4천㎡ 규모의 초현대식 빌딩(H 그룹 사옥, I 은행 본사, P 백화점)이 1985년에 준공되었다. 나는 이 을지로빌딩 건설 당시 기전 부장으로 기계, 전기, 통신, 소방 등 모든 설비설계를 계획하고 담당했었다. 이러한 이유로 본 건물 관리를 위한 법인이 설립되면서 기술이사로 命을 받았고, 근무하고 있던 공사에서 퇴직을 강요받아야 했다. 이 새로 설립된 법인은 을지로빌딩을 비롯하여 군 관련 시설 및 공사의 임대자산을 전문 관리하는 회사였다. 공사에서 발주한 단지가 준공되어 자치 관리체제가 갖추어지기까지 공사의 위임을 받아 관리를 대행하기도 하였다.

공사에서 건설한 단지가 준공되었다고 판단되면, 시공을 맡은 건설사는 자체적으로 각종 시운전 및 안전검사를 이행하고 관할 행정기관에 준공 승인을 받아야 한다. 전기, 통신이 건물 이용에 아무 이상 없이 通電(통전)이 되어야 하고, 설비시설들은 전기 에너지를 받아 제반 동력 장비인 보일러 및 각종 급수, 급탕, 순환 펌프류와 소방 관련 장비 하나하나 시험운전을 마쳐야 한다. 그리고 이 과정에서 각 공종마다 이상 없음을 기원하며 고사를 지내거나 이를 기념하기도 한다.

1986년 12월쯤 상계동 어느 아파트 단지로 기억된다. 이 단지의 인수인계를 앞두고 전기실과 보일러실, 공동구에 대형 화재가 발생하였다. 당시만 해도 아파트 단지의 준공은 주로 1월에 이루어지고 이른 봄 입주 시기에 대비하던 때였다. 정확하게 알 수는 없으나 기계 장비들이 설치되어 있는 모든 시설들을 시운전하는 과정에서 누전 사고가 발생하였고, 순식간에 전기실을 비롯하여 보일러실과 기계실 및 2km에 가까운 공동구 전체가 화재로 전소되는 사고였다. 평소 공동구 내에는 연소성 재료가 없으려니 해서 공동구가 이렇게 깡그리 全燒(전소) 할 것이라고는 상상도 하지 못하였다.

높이 1.8m에 폭이 2.2m의 공동구는 제일 위쪽에 전기통신 케이블 선이 트레이에 놓이고 그 밑으로 대형 난방 공급관이, 그리고 그 아래로 급수 급탕관 및 소방 배관이 설치된다. 그런 전기 트레이를 따라 공동구 천정이 움푹 파일 정도로 연쇄적인 폭발을 동반한 누전 화재였다. 설비배관을 감싸고 있던 보온재는 흔적도 없이 타버렸고 손상된 배관에서는 많은 누수가 계속되었다.

이 사고는 화재 자체만으로도 수습이 만만치 않았지만, 상당수의 선입주한 주민들이 한겨울 추위에 떨고 있음이 더 큰 문제가 되었다. 혹한의 추위에 전기와 전화, 난방, 온수 등 모든 설비가 차단되었으며 추운 날씨에 입주민들의 불편을 해소할 대책이 막연한 상태였다. 오전 10시경에 화재 사고가 발생하였고 오후부터 공사에서 실무 담당들과 부장, 임원들이 현장을 다녀갔다. 그러나 뒷짐을 진 채 현장을 물끄러미 바라볼 뿐 별다른 조치 없이 돌아가곤 하였다.

당시에 겪었던 일이지만 공사 측에서는 사고에 대한 대비를 건설 시공사에만 의지하는 상태였다. 공사 자체에서 운영되는 기동타격 운영 시스템이 전혀 되어있지 않았다. 당일 저녁쯤에 단지 군데군데에 통신공사 탑차가 출동되어 각 동 입구의 전화 단자에 통신선을 임시 연결하여 통화가 가능해졌다. 다음날에는 한전 측에서 전기 발전 차량을 단지 군데군데에 놓아서 통신과 같은 방법으로 전기 임시 공급이 가능하게 되었다. 그러나 설비시설은 어떤 조치도 하지 못하고 또 하루가 지났다. 가스는 다행히 보일러 연결 가스관만 점검을 하면 되는 상태였다. 천만다행한 일이었다.

　보일러실과 기계실, 공동구가 이렇게 화재로 깡그리 타버린 경험은 처음 겪는 일이었다. 통신이나 전기 쪽은 통신공사나 전력공사의 긴급지원으로 신속하게 대응할 수 있었지만 기계설비는 그렇지 못하였다. 모두가 우왕좌왕이었다. 설비가 할 수 있는 일은 배수펌프로 보일러실과 기계실, 공동구 바닥에 쉴 새 없이 흘러내리는 물을 퍼내는 것이 유일하였다. 보일러와 탱크류 배관 상태는 그냥 사용 가능할 것으로 판단되었으나 배관의 모든 접합 부위에서는 물이 줄줄 새고 있었다. 효율적으로 각종 설비 기기의 운전제어를 해야 할 자동제어 시스템은 모두가 불에 타버려서 그 기능을 할 수 없는 상황이었다. 그나마 다행인 것은 배관 모재 자체와 용접 부위는 안전에 지장이 없을 것으로 판단되었다.

　지금과 같은 혹한기에 발생한 설비시설 화재사고에 대하여 어떻게 대응할 수 있는 대책이 아무것도 없었다. 시운전시에 보일러 폭발 등 크고 작은 국부적인 사고는 가끔 있었지만, 이에 대한 대응 매뉴얼은 마련되어 있지를 않았다. 나는 단지를 인수해야 하는 입장이기에 선뜻 나서기도 조심스러웠다. 그러나 얼마 전까지는 공사에 적을 두었던 사람으로서 무언가 해야겠다는 생각이 들었다. 건설사의 설비 소장을 만나 누수가 있는 상태에서 보일러를 가동하여 세대에 냉기를 제거할 수 있는 정도의 난방을 할 것을 제의하였다. 그 과정에서 누수

되는 곳을 점검하고 보일러 상태도 점검해 보자고 제의했다. 그들도 같은 생각을 하고 있었다. 다만 세대 내 차가운 냉기를 없애는 목적으로 보일러의 온도를 60℃ 이상은 올리지 못하게 하였다. 난방용 온수는 순환 과정에서 계속 누수 되었고, 그 상태로 보일러를 조심스럽게 운전할 수밖에 없었다.

 건설사들의 대응은 놀라웠다. 정작 건설을 주관하는 公社(공사)에서는 현장을 멀찍이서 보기만 하였다. 모든 것은 건설사 책임이니 빨리 수습하라는 말뿐이었다. 입주세대에 전기 온풍기 정도라도 임시조치를 했으면 하였지만, 예산에 감사타령을 하며 건설사에 떠넘길 뿐이었다. 이것이 공직자들의 자세이다. 자신들에게 불똥이 튈세라, 능동적인 모습은 그 어디에도 보이지를 않았다. 우려와는 달리 건설사, 하도급자 할 것 없이 각 공종별 시공사들의 복구공사는 놀랄 정도로 신속하게 이루어졌다. 이러한 응집력이 오늘날 우리나라의 건설을 일구어낸 저력이라는 생각이 들게 하였다. 힘 있는 자는 입으로만 일을 한다. 이것이 세상 구조라는 생각을 하게 하였다.

06
전 가 통 신
錢可通神

> **출23:8** 너희는 뇌물을 받지 말라. 뇌물은 밝은 자의 눈을 어둡게 하고 의로운 자의 말을 굽게 하느니라.

　　錢可通神은 '돈이면 귀신도 통한다'라는 말이다. 부정하게 거래된 돈의 힘이 일의 결과를 좌우하고 사람의 처지를 변화시킨다는 말이다. 동서고금을 막론하고 사람이 사는 세상에는 부정부패, 부조리가 언제나 있어왔음을 알게 하는 고사성어다. 이는 당나라 때 장연상이라는 사람으로부터 유래되었다 한다.

　　장연상이라는 사람은 정치를 다스리는 일에 정통하고 강직하며 부정한 돈은 일절 거부해 온 사람이었다. 그는 어떤 큰 사건을 처리하다가 관련자를 모조리 체포토록 명령을 내렸다. 주위의 만류가 많이 있었고, 이후 자신의 집무실에 얼마의 錢이 뇌물로 놓여졌다. 그는 이 뇌물을 내동댕이쳤다. 다음날은 이보다 몇 배의 錢이 뇌물로 다시 놓였고, 그 다음날은 더 많은 錢의 뇌물이 책상 위에 있었다. 결국 장연산은 남몰래 錢을 받고 사건을 무마시켰다. 이는 우리가 사는 이 세상의 어떤 일도 돈으로 되돌리지 못할 일은 없는 것이고, 뇌물을 받지 않는 것이 오히려 禍가 미칠까 두려워 그만두지 않을 수 없다는 것이다.

그렇다, 뇌물을 받지 않으면 오히려 禍가 될까 두려운 세상이다. 우리가 사는 지금의 세상이 이런 세상이 아니기를 바랄 뿐이다. 세상에는 다양한 인격의 사람들이 선한 마음으로 자신을 포장한 채 살고 있다. 대다수 사람들의 마음속에는 ego가 가득 차 있고 항상 욕심에 집착하며 살아가고 있다. 가끔은 집착을 버리고 착한 마음으로 선하게 사는 사람도 있지만, 그들은 주변 사람들에게 만만하게 보여져서 바보가 되어버린다. 이렇듯 모두가 악한 영들과 선한 영들이 뒤엉켜 경쟁하듯 살고 있는 것이다. 그 경쟁하는 모습도 다양하여 자신이 하는 뇌물 행위가 부정함을 알면서도 세상을 살아가려면 어쩔 수 없다고 하는 사람이 있는가 하면, 그게 부정한 행위임을 인지조차 하지 못하는 사람이 있는 것이다. 정직하게 순리대로 사는 사람은 경쟁에서 뒤처져야 하고 살기가 힘들 수밖에 없는 것이다.

'인간들의 ego는 영악하다. 그러나 사기 자신의 문제는 결코 해결하지 못한다'라고 에크하르트 툴레는 말한다. 다툼, 시기, 부정부패, 투기 등 모든 비윤리적인 것이 ego 때문이라는 것이다. ego는 우리의 삶을 지배한다. 이것이 인간인 것이다. 인간이기에 부정적 생각을 하게 되는 것이다. 그러나 사람들은 자기 자신은 아니라고 생각한다. 그냥 남 때문이고 어쩔 수 없다며 자기를 합리화한다. 이 세상을 이끌어가는 위정자들은 더더욱 그렇게 생각을 하는 것 같다.

도덕경에 '是以로 聖人之治는 虛其心하고 實其腹하며'라는 가르침이 있다. 이는 '성인이 다스림을 함에 있어 마음을 비우고 어느 하나에 얽매이지 말고 평등심을 가져라. 위정자는 자기의 배(腹)만을 채우지 말고, 순리에 따라 백성을 생각하고, 백성을 배고프게 하지 마라'라는 뜻으로 해석되는 말이다. 세상이 이랬으면 얼마나 좋겠는가? 이런 민복들이 많이 나타났으면 좋겠다. 청백리는 바라지도 않는다. 위정자들은 툭 하면 국민을 위한다는 말을 수없이 내뱉는다. 국민을 위하지 않아도 좋으니 중도를 잘 지켜 나랏일에 최선을 다하는 모습이라도 보여주면 좋겠다. 조선 초기 청백리 하면 누가 떠오르는가? 방촌 황희, 고불 맹사성, 하정 류관 등이 생각날 것이다. 그래도 이들은 신변의 위협까지는 느끼지 않았던 모양이다. 아니면 목숨과 바꿔야 했을 만한 뇌물 사건이 없었던 것일까? 당나라에 비하면 조선이 덜 부패되었던 걸까?

나는 총선이 있을 때마다 출마자들의 프로필을 꼼꼼히 보게 된다. 국정에 참여하겠다고 출마를 하는 사람들이 우선은 윤리적이야 하고, 사람다워야 한다고 생각하기 때문이다. 제일 먼저 나이와 재산을 보게 되고, 이후 학력을 보게 된다. 재산은 얼마이고 재산에 비하여 지금까지 낸 세금은 얼마인지를 세심하게 보며 법 위반 사실이 있는지를 보게 된다. 이럴 때마다 자산이 적은 사람이 세금을 더 많이 낸 것을 보게 된다. 그런데 언제나 그랬듯이 아이러니하게도 상당수의 지역에서 법 위반자라든지 낸 세금에 비해서 재산이 많은 자산가가 당선되는 것을 보게 되어 씁쓸함을 감출 수가 없다. 錢可通神. 확실히 돈의 힘이 세상일의 결과를 좌우하고 변화시킨다는 생각을 하게 된다.

07
속이 꽉 찬 친구

> **잠21:11** 거만한 자가 벌을 받으면 어리석은 자도 지혜를 얻겠고, 지혜로운 자가 교훈을 받으면 지식이 더하리라.

　어른들은 젊은이들이 하는 행동이 대견하고 마음에 든다고 생각될 때, '저 친구는 속이 꽉 찬 친구야'라고 말한다. 예의범절이 바르고 필요한 일을 알아서 척척 해낼 때 그렇게 칭찬을 한다. 일상에서 남을 배려하는 마음이 몸에 배어 있고, 예의 바르고 자신의 길을 뚜벅뚜벅 소신 있게 개척해 나가는, 어른을 공경할 줄 알고 본질에 충실한 젊은 청년을 그렇게 부른다고 생각한다. 속이 꽉 찬 사람은 남들 앞에서 잘난체하지 않는다. 그냥 듣고 머리를 끄덕이면서 '예'라고 대답할 뿐이다. 그들은 곁에 있는 것만으로도 믿음직하다.

그러나 이런 젊은이들이 반드시 성공하는 것은 아니다. 우리가 사는 세상이 윤리적 기준이나 실력만으로 옥석을 가리는 현실이 아니기 때문이다. 세상에서 성공하기 위해서는 자기 자신을 돋보이게 할 화려한 겉 포장이 되어 있어야 하는 것이다. 세상적 관행이나 규범이 그렇기 때문이다. 주변 사람들이 인정하는 실력만으로는 성공에 이르지 못한다는 말이다. 성공하려면 우선 공부를 많이 하여 자신을 인정받을 수 있도록 나라에서 정한 교육을 이수해야 한다. 그리고 자신의 적성에 맞는 진로를 선택하고 대학을 졸업하여 석박사 학위를 받거나, 객관적으로 인정받을 수 있는 전문가적인 자격 인증서를 취득해야 한다. 그리고 그 위에 경력을 쌓아 경쟁력이 키워져야 한다. 좋은 인성과 친절함이 몸에 밴, 속이 꽉 찬 사람이 이러한 조건을 갖추었다면 이들의 성공을 예감해도 좋을 것이다.

하나님은 모두에게 완벽한 달란트를 주지 않았다. 세상에서 쓰일 만큼의 달란트만을 주었다고 생각한다. 모든 사람에게 각자가 잘 할 수 있는 달란트를 주었다. 머리가 좋은 사람이든 머리가 좋지 못한 사람이든, 사람을 좋아하는 대인 친화력이나 노래, 운동, 그림, 글쓰기, 말하기, 춤추기 등 다양한 재능의 옷으로 갈아입혀 세상을 살게 한다고 생각한다.

속이 꽉 찬 사람이 사회적 성공으로 이어져야 함에도, 그들은 오히려 인성에 상관없이 겉으로 입혀진 세상적인 높은 학력과 전문가적인 자격증에 밀리고 만다. 인성에 상관없이 사회적으로 성공을 한 위치에 있게 되면, 굳이 속으로 감추어진 본래의 심성을 내세울 이유도 없어 누가 보아도 선한 인품의 천사가 되는 것이다.

나는 설비설계사무소를 운영하면서, 전문 교육을 이수하고 설비를 배우고자 입사를 한 젊은 후배들이 몇 년 동안 실무 일을 하면서 스스로 설비를 계획하게 되고 능력이 향상되어 회사의 중추적인 재목으로 성장하게 됨을 보아 왔다. 이들은 어느 공기업이나 대기업의 설비 담당자들보다 부족함이 없는 것이다. 그럼에도 일상에 쫓기다 보니 자기 개발을 위해 투자할 시간적인 여유가 없어서 자신의 능력을 증명할 자격증 하나 취득할 시간이 없다. 자격증을 취득하기 위해서는 이를 위한 이론적 공부를 별도로 해야 하는 것이기 때문이다. 현장에서 실전으로 쌓은 실력이 교과로만 공부하여 자격증을 취득한 실력을 넘어설 수가 없음을 보게 되는 것이다.

간혹 공기업이나 대기업에 다니다가 이런저런 이유로 설비설계사무소에 영입되는 경우를 보게 되는데, 이런 친구는 분명 자격증도 있고 이력도 화려하다. 그러나 실무 설계는 전혀 할 수 있는 능력이 없을 뿐만 아니라, 설계를 진행해야 할 순서조차도 잘 계획하지 못하는 경우가 허다하다. 그러나 그에게는 설계를 할 수 있는 자격증이 주어져 있다. 이 얼마나 모순된 사회 병폐인가? 대개 이들이 영입되면 설계 실무에는 투입이 되지 못하고 자신의 친정으로 영업을 하는 것이 일반적이다. 이들은 설계가 되어있는 도서를 보고 지적질하는 데에는 익숙해져 있다. 그들은 그렇게 해서라도 자신의 존재감을 다른 사람에게 보이려 한다. 기존 직원들보다 급여도 높은 대우를 받는다. 그렇기 때문에 겉모양으로 포장되는 화려한 자격증이 있어야 하는 것이다. 자격시험은 실무 내용만으로는 취득할 수가 없는 것이고, 자격증을 위한 공부를 따로 해야 하는 것이다.

나는 설비설계를 배우기 위하여 입사한 직원들에게 업무처리는 다소 늦더라도 기본에 충실할 것을 가르쳤다. 그리고 자신이 지금 하고 있는 설계에 대하여 '공간적으로 어떻게 현장에 적용되는지? 설비 용량과 크기는 어떻게 결정되는지'를 검토하고 공부를 하면서 설계에 임하라고 말을 한다. 하지만 현실은 시간에 쫓겨 그렇게 되지 못함이 못내 아쉬웠다.

평범한 사람들은 겉이 화려한 사람보다는 속이 꽉 찬 사람을 좋아한다. 싸가지 없이 사회적으로 성공한 사람보다는, 크게 성공은 못해도 예의범절이 바르고 남을 배려할 줄 아는 그런 사람을 좋아한다. 그들은 겉 포장을 화려하게 하기 위해서 남들처럼 부정한 방법으로 스펙을 쌓을 줄도 모르고 그럴 환경도 되지 못한다. 그저 묵묵히 자기 소임을 다할 뿐이다. 때로는 공정치 못한 제도적 모순에 불평도

해 보지만 어쩔 수가 없음도 안다. 겉 포장은 이 세상을 이겨나가는 또 다른 이력인 것도 안다. 속이 꽉 찬 심성의 착함보다는 겉으로 보이는 화려함이 실력으로 인정받는 세상인 것도 안다.

  속이 꽉 찬 이는 없으면서 있는 체하지 않는다. 무슨 이야기를 할라치면 상대의 말에 끼어들어, 하고자 하는 이야기가 무색하게 '당신 이야기는 아무것도 아니야'라는 식으로 제압을 당해도 불편한 내색을 하지 않는다. 속이 꽉 찬 사람은 그런 사람인 것이다. 이는 영악한 사람의 눈에는 어리석게 보이기도 한다. 상대가 쉽게 생각하기도 한다. 이들에게는 이러한 사회적 제도가 불만일 것이고 시련일 것이다. 그러나 이런 친구들이 나중에라도 모든 시련을 극복하게 되면, 그간 겪은 만큼 인생에 감사하는 마음은 너무나 클 것이다. 나는 이들에게 응원의 화이팅을 보낸다.

08
설비설계는 브랜드가 없다

 의인을 위하여 빛을 뿌리고 마음이 정직한 자를 위하여 기쁨을 뿌리시는도다.

백화점이나 대형마트를 가 보게 되면 다양한 제품과 상품들이 가득함을 보게 된다. 이렇게 많은 상품들 대다수는 나름의 브랜드가 있고, 농산물도 생산자 자신의 이름을 걸고 판매되고 있다. 소비자는 상품의 브랜드나 생산자의 이름을 확인하고 상품을 선택하게 된다. 그렇기에 소비자에게 어떻게 관심을 끄느냐에 따라 매출 규모가 결정된다. 같은 종류의 상품이라도 브랜드에 따라 그 매출은 많은 차이가 나는 것이다. 이제는 생활필수품을 비롯하여 모든 공산품들에 브랜드가 있어야 기업이든 생산자든 살아남을 수 있는 시대이다.

　내가 처음 설비설계사무실을 하고자 마음을 먹었을 때만 하여도 그저 먹고사는 문제를 해결하기 위함이었다. 하지만 이왕 이 분야에 종사하기로 마음을 굳혔을 때는 나 나름의 브랜드가 있는 설비설계를 해야겠다는 마음이 컸다. 건축설비 분야는 시각적으로 보여지는 흠집이나 하자 여부로 그 건물의 성능이 진단되기 때문에 브랜드 가치로 홍보가 되는 것은 쉽지 않은 것이다. 그럼에도 나는 그러한 설비설계를 해 보고 싶었다. 퇴직금을 투자하여 설레는 마음으로 지인이 운영하던 기존의 사무실을 인수하고, 설계의 正道(정도)를 걷기 위하여 다양한 설계 자료를 수집하고 정리하였다. 건축물의 종류, 부하별로 가장 효율적인 설비 공간을 만들어내고 기능과 안전이 우선되는 경제적인 설계를 도모하기 위하여 의욕에 넘치기도 하였다.

　건축설비는 인간이 생활하는 데에 필요로 하는 모든 환경을 쾌적하게 조절할 수 있는 적합한 시설과 그 기능을 만들어내는 작업이다. 그리고 각종 에너지 자원을 필요로 하는 환경 방식으로, 경제적인 에너지 계획을 잘 수립해야 하는 것이다. 잘못된 설비 계획은 나중에 그 건축물을 이용하는 입주자에게 큰 관리비의 부담을 지우게 하기 때문이다. 건축설비는 설비로서의 성능은 당연한 것이고, 설비시설 자체가 시각적으로도 외형적으로도 주변 시설물과 잘 어울릴 수 있어야 한다. 배관만 하더라도 수평 수직의 정연한 질서로 기계실에서부터 최종 사용처까지 관로의 뒤엉킴이 없는, 사후 관리가 편리한 그런 설계가 되어있어야 하기 때문이다.

　그러나 이러한 생각이 무너져 버리는 데에는 오랜 시간이 걸리지 않았다. 직원들에게 '건창이라는 브랜드를 말할 수 있는 설계를 하자'라고 가르치고 지도를 해 보았지만 달라지는 것이 없었다. 열악한 설비설계환경은 야심찬 욕망을 무참하게 꺾어 버렸다. 도무지 창의적인 설계를 할 짬을 주지 않았다. 턱없이 낮은 용역대가에 짧은 용역 기간, 비전을 갖지 못하는 설비 인력들의 잦은 이직을 보며 어떤 대책도 세울 수 없었다. 그리고 항상 쫓기다시피 하는 운영자금 환경 때문에 서서히 그 꿈이 깨어져 현상 유지가 급급할 뿐이었다. 그러다 보니 설계인력들이 철새처럼 이직하게 되고, 그들이 여러 회사를 빙글빙글 돌다 보면 다시 제자리로 돌아오거나 이 분야를 떠나기도 하였다. 어느 설계사무실이든 설계 내용은 획일적이고, 설비설계라는 기술 자체가 하찮은 3D 업종이 되어 버린 느낌이다. '그래도 브랜드가 있는 설계를 해야겠다'라고 노력을 했었지만 머릿속에서만 계획할 뿐이었다. 공산품이든 생활용품이든 저마다 갖고 있는 특유의 가치를 보여 줄 수 있는, 고급스러움이 세련된 높은 품질을 자랑으로 내세울 수 있는 브랜드 상품만이 분명 성공할 것이 아닌가? 제대로 된 용역 대가를 받고, 자기 사무실의 이름을 걸고 수요자에게 자신 있게 내놓을 수 있는 설계는 언제쯤 가능힐까?

책으로만 선진국의 설계를 공부하고 접하다가, 언젠가 미8군의 평택기지 설계 도서를 볼 기회가 있었다. 나는 우리나라의 설비설계가 선진 어느 국가에도 뒤떨어지는 수준은 아니라고 믿고 있었다. 그러나 미8군의 설비설계 도서를 접하면서 우리의 설계가 내용 면에서 차이가 많다는 것을 느끼는 계기가 되었다. 어디서 오는 차이일까?

관계자와 대화를 하다 보니 설비에 대한 철저한 인식, 기본계획, 기본설계, 디테일한 부분의 설계 등 여러 차이가 크다는 것을 알 수 있었다. 세밀한 부분의 설계는 마무리 공사로 이어져서 한 치의 오차도 없이 정갈하게 마감된다는 사실이다. 우리의 설계는 기능만이 우선되는 그런 설계일 수밖에 없음을 부인할 수가 없는 것이다. 그리고 획일적인 우리의 설계와는 달리, 제반 상황을 고려한 창의적인 설계를 볼 수 있었다. 이들 고유의 특화된 설계가 기본계획 단계에서 표현이 되어있음을 보았다. 우리 설비설계는 그렇지 못한 것이 현실이다.

공동주택에서는 설비에 대한 기본설계의 代價(대가) 자체를 인정받지 못한다. 그러다 보니 설계자들은 기본설계를 생략해 버리기도 하고 디테일한 설계를 하지 않는 것이다. 또 설비시설에 대한 개선이나 개발도 기대하기가 어렵다. 민간 건설사의 경우는 오히려 디테일한 설계를 원치 않기도 한다. 설계가 세밀할수록 건설비용이 상승하기 때문이다. 대로변이든 골목길이든, 집집마다 건물마다 냉방시설을 위한 실외기가 건물 밖으로 돌출되어 있고 실내기로 연결되어지는 너덜너덜한 냉매 배관을 볼 때가 많다. 일생 설비설계를 해온 사람으로서 '언제쯤 이러한 설비시설들이 깔끔하게 마무리가 되어질까?'라는 생각을 하게 된다.

09 인생 수업료

> **렘15:18** 나의 고통이 계속되며 상처가 중하여 낫지 아니함은 어찌 됨이니이까. 주께서는 내게 대하여 물이 말라서 시내 같으시리이까.

누구나 평생을 살다보면 이러 저러한 일로 많은 어려움을 겪게 되고, 세상이 결코 녹록지 않다는 것을 경험하게 된다. 세상일에 서툴러 사기를 당하기도 하고 욕심을 내다가 도리어 당하기도 한다. 그렇게 모든 것이 처음 겪는 일들이라 누구나 할 것 없이 많은 삶의 지혜가 필요함을 알게 된다. 자신들은 아무 욕심 없이 앞만 보면서 열심히 살아왔다고 생각할 수도 있을 것이다. 그러나 대다수 사람들은 ego로 똘똘 뭉쳐 있어, 자신도 모르는 사이에 다른 사람에 대해 배려하는 마음은 조금도 없이 자기중심적으로 살아온 날이 더 많다고 해야 할 것이다. 그런 와중에도 사람으로서의 근본은 지켜야 하고 인간의 도리는 해야 한다고 은연중에 학습되어 있는 것이다.

1983년, 정부 정책사업의 일환으로 을지로 지역이 정비되면서 그 자리에 초현대식 건물을 건설하게 되었다. 나는 그 건물에 최첨단 설비시스템을 책임 설계하게 되었다. 4년이 지나 건물이 완공되고, 이 건물을 관리할 법인이 설립되면서 기술이사의 보직을 받게 되었다. 본 건물의 설비를 제일 잘 안다는 이유로 잘 적응해 가던 공기업에서 어쩔 수 없는 상황에 휘말려, 나 자신의 의사와는 상관없이 등 떠밀려 파견도 아닌 사표를 강요받게 되었다. 그때는 정말 막막하기만 하였다. 세상을 살다 보면 순탄하기만 한 사람이 있겠냐마는, 지나고 보니 그래도 내 나름 힘들었던 이 시기를 잘 버텨 왔다고 위안을 해본다.

이후 임무가 종결되고 복귀 명령이 있었지만 이를 거절하였다. 어느 날 공사로부터 사장님 심부름을 왔다며 본사 처장 한 분이 찾아와서 "공사에 복귀할 의사가 있으신지 여쭤보러 왔습니다. 복귀에 동의하시면 연구소 촉탁 부장을 받으십니다"라고 말했다. 바로 거절을 하였다. 그런데 나중에 설계사무소를 개소하고 한때 모셨던 기획본부장과 차를 나눌 일이 있었는데, 본부장이 내게 물었다. "그때 공사

복귀를 왜 거절한 거요? 사장님이 ○○처장자리를 약속하셨는데"라고…. 나는 잠시 멍해졌다. 심부름 왔던 처장은 왜 내게 거짓말을 했을까?

 당장은 먹고 사는 문제를 해결해야 하였기에 설비 분야의 설계사무소를 개업하기로 마음을 정하였다. 마침 설계사무소 운영을 힘들어하는 지인이 있어 부채를 모두 떠맡아 해결하는 조건으로 그가 운영하던 사업체 일체를 인수하기로 하였다. 사무실 임대료와 직원들의 노임이 몇 개월씩 밀려있었고, 진행되는 일거리는 전혀 없는 상황이었다. 사무실로 한남동 산기슭의 작은 연립 가정집을 임대하고 있었다. 퇴직금의 절반을 투자했던 것으로 기억된다.

 이후 역삼동에 새 사무실을 임대 이전하여 설계를 시작하였다. 전임 소장에게 실무설계총괄을 부탁하고 나는 외부로 영업에 집중하였다. 일 년 만에 매출이 두 배로 늘면서 정상적으로 자리를 잡아갈 즈음, 전임 소장은 자신이 대표니까 내부 경영에는 신경을 쓰지 말고 지금처럼 영업을 열심히 해달라고 일방적으로 통보를 하였다. 대표직을 도무지 내놓을 마음이 없어 보였다. 이 무슨 날벼락인가? 하루라도 빨리 용역 거리를 수주해야 한다는 강박 관념에 치우쳐 대표 변경을 미루고 있었던 것이 잘못이었다. 결국에는 사기를 당한 꼴이 되었고, 갈라서야 하는 지경에 이르렀다. 그간 수주한 용역의 절반과 같이 일할 직원 일부와 함께 1993년 7월 29일, 건창기연을 설립하였다.

새로이 설립한 주식회사 건창기연이 어느 정도 자리를 잡을 즈음해서 후배 명의의 건물 3층에 사무실을 전세 하였다. 사업 경험이 전혀 없고, 연이은 실패가 두려워 직원들의 퇴직금도 해결하지 못하면 어찌하나 걱정하던 참이었다. 저렴한 금액으로 전세를 드릴 테니 전세 보증금으로 퇴직금을 묻어놓았다고 생각하면 되지 않겠느냐는 후배의 말에 절반의 퇴직금을 또 그렇게 묻어놓았다. 일 년 뒤 후배는 그 건물을 담보로 120%의 대출을 받아 내었고, 당시에 자신이 운영하던 설비시공 건설현장에서 실제보다 많은 양의 過旣成을 청구하였다. 그리고 고의부도를 내서 모든 재산을 정리하여 필리핀으로 도주를 해 버렸다. 은행이 1순위로 보상 처리가 되었고 나머지 다른 세입자들은 하루아침에 쫓겨나야 하는 신세가 되고 말았다.

사기를 당한 사람들이나 사건에 관한 이야기를 가끔 듣기는 했었다. 그런데 그것이 나의 이야기가 되고, 심지어 주변의 가까운 사람들에게 당하였다고 생각하니 '나의 삶의 방식에 문제가 있구나'라고 스스로 자책하기도 하였다. 그 후 낙찰받은 새 건물주가 이사 비용을 배려해줘서 운영자금을 탈탈 털어 석촌동에 사무실을 임대하여 이사를 하였다.

당시에는 용역비를 어음으로 결제하는 건설사나 건축사가 많았다. 우리와 같은 소규모 업체들은 현금이 급할 경우 어쩔 수 없이 어음 꺾기를 하여 사용하거나, 어음 통장에 넣었다가 만기가 되면 현금화하여 사용하곤 하였다. 그러던 중 소규모 건축사업을 하는 친구가 자신이 받은 어음을 내게 용역비로 이서하여 결제를 하였는데 최초 어음 발행사가 부도가 나 버렸다. 내가 좀 똘똘하였더라면 채권자로서 제대로 대처를 했을 텐데 그렇게 하지 못했다. 이후 나에게 이서한 어음을 건넨 친구가 어음을 되돌려 달라 하였다. 그래야 부도에 대처할 수 있다는 것이다. 어음을 회수하여 가져가 버린 것이다. 나는 그렇게 하면 채권자로부터 일부라도 변제받을 수 있는 줄로만 알았다. 결국은 공사에서 받은 퇴직금은 그렇게 모두 날려 버렸다. 꽤나 비싼 인생수업료를 지불한 셈이 되었다. 정말 억울한 일이고 화가 나는 일이었다.

보통의 사람들은 그날그날 평범하게 살아가는 인생이다. 그저 아무 탈 없는 삶이 되기를 바라며 살아간다. 나는 '이제부터라도 앞으로 만들어 갈 행복을 희망하며 지금까지 앞만 보며 살아온 욕망을 내려놓고 반성하는 마음으로 세월 앞에 서자'라고 생각했던 것 같다. 삶의 늦인지도 모른 채 힘들게 헤쳐 온 세월일지라도, 이제는 회복의 삶에 감사한 마음을 가져 본다.

10
歲寒然後
知松柏之後彫也니라

> **롬12:16** 서로 마음을 같이 하며 높은 데 마음을 두지 말고 도리어 낮은데 처하며 스스로 지혜 있는체 하지 말라.

'歲寒然後 知松柏之後彫也'란 '추운 겨울이 지나고 나서야 여름에 알지 못했던 소나무와 잣나무의 푸름을 알게 된다'라는 뜻으로, 논어 자한편에 나오는 말이다. 세상이 혼탁하고 나라가 위급한 지경에 빠진 이후에야 충신과 간신을 식별할 수 있음을 말하고 있는 것이다.

우연한 기회에 추사 김정희 선생의 歲寒圖를 접하게 되었다. 선생께서 제주도로 귀양살이 유배를 갔을 때의 심정을 기록한 내용이 마음에 와닿았다. 유배를 가게 되니까 그 많던 친구들은 다 어디 갔는지 뚝 끊어졌고, 찾아오는 친구가 한 사람도 없었다는 것이다. 극도의 외로움과 어려움에 육체적으로 정신적으로 힘들었던 시기였다고 한다. 그러던 때에 중국 사절로 갔던 선비 이상적이 중국에서 많은 책을 구입하여 유배지인 제주도까지 부쳐 온 것에 대하여 엄청난 위로와 감동을 받았다는 내용이었다. 나중에 추사는 둘 사이의 우정을 한 폭의 그림으로 담은 것이 歲寒圖(세한도)라는 것이다.

  나에게도 지나온 세월이, 나의 의사와는 상관없이 의도치 않게 공기업에서 퇴사를 당하게 되었을 때 세상과 단절되는 듯한 느낌을 받은 적이 있었다. 그 많던 전화가 줄어들다가 어느 순간 연락들이 뚝 끊어졌었다. 세상의 누구도 '나'라는 존재를 기억하지 않는다는 것을 경험한 것이다. 나를 기억하고 안부를 묻거나 다가오는 사람이 아무도 없었다는 말이다. 歲寒圖(세한도)를 접하면서 지나온 나의 세월이 추억으로 기억되었다. 대학을 졸업하고 사회의 일상에서 만나는 사람들은 대부분 회사 동료나 업무상 만나게 되는 사람들이다. 겉으로 대놓고 드러나는 것은 아니지만 서로가 보이지 않는 경쟁자이며 조력자인 것이다. 극히 특별한 경우가 아니면 그 많은 인연의 사람들 중 누군가와 쉽게 친분을 쌓아 마음을 터놓을 친구가 되기는 쉽지 않은 것이다. 절친이 되는 경우는 극히 드문 일인 것이다.

  태어나서 가장 순수했던 만남은 어린 시절에 처음으로 사귀었던 동네 친구가 아닐까. 성장하고 난 뒤에는 뿔뿔이 헤어져 각자의 분야에서 바쁘게 살아가다 보니 서로 자주 만나지도 못한다. 그러다 먼

훗날 나이 들어 은퇴한 뒤에는 그 시절의 친구가 보고 싶어 찾게 되는 것이다. 초중고 학창 시절의 친구들, 대학 친구들, 회사 동료 및 사회에서 교제하며 만난 친구들, 이 모두가 소중한 만남이지만 절친이라고 말할 수 있는 친구는 몇이나 될까?

지난 세월을 뒤돌아보면 나는 도저히 대학을 진학할 형편이 아니었다. 그런데 떡하니 대학시험을 치고 첫 등록금만은 어떻게 마련하여 서울 유학을 시작하였다. 처음 상경을 하여 거처할 곳이 없었고, 고등학교 친구 자취방에 얹혀살았다. 내 형편을 잘 아는 친구였기에 선뜻 방을 같이 쓰자고 나를 자기 자취방에 아무 조건 없이 끌어들였지만, 오래 신세를 질 수는 없었다. 친구는 부담을 갖지 말고 천천히 일자리를 찾아도 된다고 하였지만, 조바심으로 걱정이 많았던 그때 생각이 난다. 일간지 가정교사 구직난에 광고를 내고 친구 자췻집의 전화가 울리기만을 기다리던 세월이 있었다.

지금 생각하니 '내게도 이런 절친이 있었구나!' 국문학을 전공하고 산을 너무나 사랑한 친구였는데… 이 친구는 졸업 후 지방공무원으로 서울시청에서 근무를 하였었다. 그런데 결혼하자마자 공직생활을 접고 지리산이 있는 진주에서 등산 장비 판매점을 내고 산사람으로 살아온 친구다. 공직사회에 부조리가 많아 자신과는 잘 맞지를 않는다는 이유였다. 자신의 퇴직금으로 가게를 마련한 그 친구에게 가게를 채울 물건 구입에 보태라고 내가 가진 현금을 모두 건네주었던 기억이 난다. 히말라야 칠천 미터 이상의 고지 여러 봉을 정복했던 친구다. 그랬던 친구가 칠십 나이에 산행 갔다가 미끄러져 바위에 머리를 부딪쳤고, 얼마 견디지 못하고 병원에서 집으로 옮겨와 한 달여 만에 세상을 하직하였다. '인생은 일장춘몽이다'라는 메일을 접한 것이 마지막이었다.

나는 절친 관련 여러 고사성어 중에 '莫逆之友'라는 말을 좋아한다. 이는 '친구가 어떠한 행동을 하여도 전혀 눈에 거스르지 않는다'라는 뜻이다. 일생에 이런 친구가 하나쯤 곁에 있다는 것이 얼마나 행복한 일인가. 산이 좋아 산악인으로만 살아온 이 녀석이 내게는 그런 친구였다는 생각을 하게 된다. 서울 생활을 정리하고 이곳에 내려오면 눈앞에 보이는 지리산 자락 전체가 네 정원이라 말해주던 친구였다. 지금 나와 같이 사는 아내를 소개해준 사람도 이 친구였다. 그래서일까? 아내가 나보다 더 이 친구를 반기기도 하였다.

사람들은 우리나라를 인터넷 강국이라고 부른다. 초등학생부터 나이 많은 어르신까지 스마트 폰이 없는 사람이 없다. 가까운 친구끼리 공동체별로 카톡을 많이들 하고 있다. 서로 간의 정보를 공유하고 소식을 전하며, 좋은 글귀나 사회 이슈가 되는 소식 등 관심을 공유한다. 그러나 '내게는 이 친구가 莫逆之友다'라는 사람이 얼마나 될까? 삭막한 사회 환경에서 자신만을 알고 얼굴을 마주 보는 일 없이 영상이나 문자만으로 대화를 나누면서 막역지우가 되겠는가?

　우리는 한평생을 주변의 사람들과 서로 돕고 도움을 주며 관계를 맺고 친분을 쌓아간다. 그러나 이러한 만남들은 친구로서 관계가 아니라 그냥 친분이 있는 아는 사람 정도에 불과하다. 친구의 어려움을 미리 헤아리는, 속마음을 나눌 수 있는 절친이 있고 나이 들어서까지 함께한다면 얼마나 복 받은 인생일까.

11
세상에 내 편은 아무도 없다

> **마13:31** 또 비유를 들어 이르시되 천국은 마치 사람이 자기 밭에 갖다 심은 겨자씨 같으니.

　대부분 사람들은 제도권의 교육을 이수하고 나면 취업을 하게 된다. 취업이란 관문은 우리가 의식하든 않든 먹고사는 문제와 직결되는 것이다. 그렇기에 각자의 욕망과 더불어 첫 직장으로 인생의 첫발을 내딛게 되는, 일생의 운명을 결정짓는 주요한 선택인 것이다. 이 순간부터 자신이 선택한 것에 대하여 책임을 져야 하고, 그 진로에서 성공을 하기 위하여 열심히 일하게 된다. 처음에는 낯선 환경이 설레기도 하고 의욕이 넘치기도 한다. 그리고 모든 것이 익숙해지고 어느 정도 적응이 되면, 분명 일은 열심히 하는 것 같은데 뚜렷한 꿈을 갖는 것 같지가 않을 수도 있다. 굳이 욕망이 있다면 진급에 대한 기대를 해 보는 것이고, 그것이 꿈이고 희망일 것이다. 그러나 직장이라는 공동체 안에서는 눈에 보이지 않는 작은 경쟁이 있는 것이 사실이다. 직장인이 아니고 자영업을 하는 사람도 마찬가지라 생각한다. 이것이 평범한 사람들의 인생인 것이다.

나는 젊은 친구들에게 꿈은 크게 가지라고 말하고 싶다. 비록 계획하는 꿈을 이루지 못하는 한이 있어도 꿈은 크게 꾸라고 말하고 싶다. 꿈도 없이 그날그날 일상에 묻혀 살아가면, 세월이 훌쩍 지나 버리고 난 뒤 내가 이루어 놓은 것이 없어 '내가 그동안 무엇을 했지?'라고 허탈해질 수밖에 없다. 우리가 사는 세상은 경쟁하는 사회이다. 조용한 것 같지만 경쟁은 계속되는 것이다. 이것은 밖으로 드러내 놓고 하는 경쟁이 아니라 자신과의 싸움인 것이다. 좌절하기도 한다. 주변에는 아무도 내 편이 없다. 그냥 고독한 싸움뿐이다. 이것을 극복하는 사람은 그래도 세상적 기준으로 그 분야에서 성공한 사람이라는 말을 듣게 되는 것이다. 노자가 말하기를 '50 나이에 본인의 이름이 자신이 몸담아 일하고 있는 분야에 알려지지 않은 사람은 두려워하지 않아도 된다' 하였다.

지천명의 나이에 후회하지 않을 수 있는 삶을 살아가기를 바라는 것이다. 꿈을 이룬다는 것은 힘들고 외로운 길이다. 의지할 곳은 아무

데도 없다. 오직 하나님뿐이다. 사람들은 이를 극복하기 위하여 신앙인이든 신앙인이 아니든, 자신도 모르게 기도로 神(신)에게 매달리게 된다. 그러므로 직장에 다니는 것도 어떤 형태로든 자신을 위한 일이여야 하는 것이다. 남을 위한 일이 되어서는 안 되는 것이다.

  세상을 살면서 어렵고 힘든 일을 겪을 때가 많다. 그런데 그럴 때마다 자신의 속내를 털어놓고 상의할 수 있는 사람이 없음을 금방 알게 된다. 그 어떤 사람도 나의 아픔에 귀 기울여 주지 않는 것이 현실이다. 가까이 지내는 친구에게 상의를 해 보아도 자신의 일처럼 생각하는 사람은 없음을 알게 된다. 그만큼 팍팍한 세상인 것이다. 유년시절부터 같이 놀고 공부하던 친구들도 학교를 졸업하면 대학으로 직업전선으로 뿔뿔이 헤어진다. 그러면 먹고사는 일에 매달려 내가 하는 일이 바쁘고 시간이 없다는 핑계로 그 시절의 친구들을 만나기가 쉽지 않게 된다. 이따금 연락을 하던 친구들도 서서히 소식이 끊어지면서 세상과 타협하며 살게 되는 것이 인생인 것이다. 어떤 친구는 단 한 번도 만나지 못하고 세월을 보내 버리게 되는 친구들도 있다. 간간이 우정을 이어가는 친구들도 있지만 그 숫자는 극히 드물다. 이것이 오늘을 사는 우리들의 모습인 것이다. 이렇게 세월이 훌쩍 지난 뒤에야 그 시절의 친구들을 찾게 되는 것이다.
  세상은 알게 모르게 팍팍하게 돌아간다. 살면서 때로는 크고 작은 일에 마음이 상할 때도 있다. 화가 치밀어 자신을 주체하지 못할 때도 있다. 많은 사람들을 만나고 헤어지지만 논의할 사람은 가족 외는 아무도 없다. 세상이 이렇다 보니 정작 힘들고 어려울 때는 논의할 친구가 없는 것이다. 모든 것은 혼자 생각을 해야 하고 자신이 고독한 결정을 해야 한다.

사업 일로 사람들을 만나 명함을 서로 교환하다 보면, 상당수의 CEO들이 무슨 무슨 박사라고 자신을 소개하는 명함을 받게 된다. 박사는 대학에서 후학을 가르치고 고도의 전문 분야에서 연구를 하는 점잖은 지식인 정도로만 생각했는데, 이러한 명함을 받게 되면 왠지 의아한 생각으로 위축이 드는 느낌도 받을 것이다. 박사라는 학위가 어느새 사업 경영에 깊숙이 자리 잡고 있음을 보게 되는 것이다. 대단하다는 생각보다는 일종의 영업용이라는 생각이 앞선다. 그러나 어쨌든 대단한 이력인 것이다. 이들은 주변의 사람들보다 경쟁에서 세상을 앞서 처신해가는 사람이라는 생각 또한 들게 하는 것이다.

나는 전문 분야의 지식에만 매달려 살아오다, 육십이 넘어서면서 사회, 철학, 종교, 역사 등 전공이 아닌 인문 분야의 서적을 가까이하게 되었다. 인문 서적은 생활에서 지친 나 자신을 위로하고 가르치며 사람답게 사는 지혜를 일러 주는 것 같았다. '어떤 일을 하든 실패를 두려워하지 말라. 가지 않았던 길도 한 번쯤은 시도해 보라. 세월이 지나 후회할 것 같으면 시도해 보는 것이 좋다. 시도해 보지도 않고 나중에 후회하는 짓은 하지 말라.' 이러한 내용들은 늦은 나이에 인생의 가치를 생각해 보는 계기가 되었다.

　코로나 사태로 모두가 자유롭지 못하게 지내다가 오랜만에 가까운 친구들과 점심을 함께하면서 이런저런 이야기를 나눈 적이 있었다. 자연스레 지난 세월을 이야기하면서 '70 중반을 넘어서는 우리는 어떤 시대를 살아왔고, 우린 나름대로 괜찮은 삶을 살아왔는가?'라는 화두를 나누게 되었다. 모두가 대기업에서 임원을 지냈던 친구들이라 그럭저럭 잘살아 왔다고 스스로 위로하는 말들을 들으면서, 옳든 그르든 자신의 삶을 긍정적으로 평가함이 좋아 보였다.

12
왜 하도업체를
보호하지 않았습니까?

> **출5:7** 너희는 백성에게 다시는 벽돌에 쓸 짚을 전과 같이 주지 말고 그들이 가서 스스로 짚을 줍게 하라.

公社(공사)에 입사하여 설계부서를 거쳐 감사실에 근무하던 나는 1981년에 승진되어 개포 건설본부 기계감독 소장으로 임명되었다. 12개 공구의 대규모 현장이다. 장마철에 한강이 범람할 때면 상당 부분 현장이 침수되는 지역으로, 부지 위쪽으로는 상당히 큰 면적의 배나무밭이 있었던 것으로 기억된다. 건설현장은 본부장 산하에 행정부서가 있고 건축, 기계, 선기, 토목 소장이 각 공종별로 관리를 전담하는 직제였다. 12개의 종합건설회사가 아파트를 건설하는 현장이다.

내가 부여받은 첫 소임은 현장 진입로를 내는 일이었다. 이 일은 토목 소관의 일이었지만, 토목은 단지 전체의 지반을 높이는 일을 해야 했고 건축은 기초공사에 여념이 없었다. 때문에 이들 부서의 일을 덜어주기 위하여 건설 초기에 일의 부하가 적은 기계부서가 업무지시를 받았던 것으로 기억된다. 아니면 신출내기 기계소장의 능력을 시험했는지도 모를 일이다.

큰 도로에서 현장까지의 공사용 도로를 설계하고 양재천을 건널 임시 교량을 설치하는 일과 공사 진입로가 만들어지는 토지의 지주를 찾아 건설 기간 동안의 토지 사용을 허락받고 계약하는 일이었다. 이 일을 토목 시공사 직원 한 명과 같이 수행하였다. 대부분의 지주들은 토지 사용료를 받지 않았던 것으로 기억되고 "나중에 대지를 잘 다져서 정지해 주십시오"라고 했던 것으로만 기억된다. 주인이 없는 땅도 있었다. 국토관리청에 신고하여 등재했던 기억이 난다. 그리고 수십 개의 필지를 소유한 지주분이 계셨다. 종로의 어느 허름하고 꾀죄죄한 사무실이었는데, 지번을 보이자 서류박스에서 대학노트를 꺼내어 지번을 대조 확인하는 것을 보고 놀랐던 기억은 지금도 생생하다. 젊은 시절에 범람하는 양재천 제방 둑을 쌓은 분이라 하였다. 큰 자산가인 것에 비해 혼자 있는 초라한 사무실이 깊은 인상을 주었다.

임시 교량을 설치하는 것에 조금의 논란이 있었다. 장마철에도 진입을 할 수 있게 현수교를 설치하자는 의견에, 토목시공사는 장마철에는 어차피 공사를 할 수 없고 장마도 7월 한 달이니 비용이 적은 잠수교를 설치하겠다고 주장했다. 본부장은 잠수교의 구조계산을 토목시공사와 우리 본부에서 각각 계산하여 다음 날 회의에서 그 결과를 보고 결정하기로 하였다. 그런데 진입로를 책임 맡았다는 이유로 토목에서 해야 할 교량의 구조계산을 내가 맡아 하게 되었다. 흄관을 바닥에 설치하고 현장 출입 차량의 최대 중량이 설계조건으로 제시되었다. 다음날 회의에서 계산 결과를 공개하였다. 전공이 아닌 분야여서 민망할 각오도 했지만 다행히 결과는 거의 같은 수치였다. 그러나 토목의 구조계산 방식과 건설기계의 구조계산 방식이 조금 달랐던 것으로 기억된다. 그렇게 임시 교량은 잠수교로 시공되었다.

예나 지금이나 건설사들이 정부기관으로부터 일을 수주하게 되면, 각 공종별로 전문 시공업체에 하도급으로 건설하는 것이 일반적이다. 이러한 건설구조에서 당시 공종별 전문 업체는 일을 하고도 제때 현금 기성을 받지 못하고, 종합건설사로부터 어음을 받아야 했다. 그리고 이 어음을 할인하여 현금을 마련해야 하는 열악한 현실을 감내하여야 했다.

나는 공사 진입로를 마무리한 뒤 공구별 각 건설사의 책임자와 시공에 직접 참여하는 설비시공업체의 소장 회의를 소집하였다. 회의에서 논의한 사항은 '종합건설사의 하도급 계약서를 문서로 제출하십시오'라는 것과 '하도급업체에 현금 기성 직불에 동의하라'라는 것이었다. 발주기관으로서 '하도자 보호를 하겠다'라는 통보를 한 것이다. 11개 건설사가 동의를 하였고 1개 건설사는 직영이라 하였다. 직영공사가 아닌 것이 확실함에도, 건설사와 설비시공업체는 건설사 직영이라고 부정을 하였다. 건설사의 '갑'질이라는 것을 짐작하면서도 어쩔 방법이 없었다. 설비시공 소장에게 다시 물었다.

"직영이 맞습니까?"

"하도급 보호를 받을 수 없습니다."

별 소용이 없었다.

"직영이라는 사실 확인서를 연대하여 작성해 주십시오."

비교적 설비공사는 잘 진행되었다. 하도업체들도 만족해하였다. 공사가 거의 준공 무렵이었다. 건설부 감사관실에서 민원성이라며 감사가 나왔다. 하도업체 보호 직무 태만을 하였다는 것이다. '11개 업체는 하도 보호를 해주고 1개 업체는 왜 하도 보호를 해주지 않았냐?'라는 것이 민원의 요지였다. 감사관은 건설부 감사관실의 기계담당 사무관으로 조금은 서로가 얼굴을 알 수 있는 사람이었다. 자초지종 관련 내용을 모두 확인시켜 주었음에도 '하도급업체 보호 업무 소홀' 확인서를 쓰라는 것이다. 하도업체의 이야기는 다르다는 것이다. 감사 사실통보서도 없었다. 일상감사라며 확인서를 쓰라는 것이었다. 서로가 다투는 상황이 되어버렸고 나는 확인서 날인을 거부하였다. 며칠 뒤 이 일로 본사 감사실장의 호출이 있었다. 나는 이 모든 과정을 자초지종 또 해명해야 하였다. 결국에는 본사 감사실에서 건설사와 설비업체에 확인한 것으로 무마되었다. 설비업체가 거짓 민원을 낸 것이었다. 건설사와 설비시공업체 소장이 찾아와 사과의 인사가 있었지만 씁쓸함을 감출 수 없었다.

13
사람들은 脫(탈)을 쓰고 산다

요8:44 너희는 너희 아비 마귀에게서 났으니 너희 아비의 욕심대로 너희도 행하고자 하느니라. 그는 처음부터 살인자요, 진리가 그 속에 없으므로 진리에 서지 못하고, 거짓을 말할 때마다 제 것으로 말하나니. 이는 그가 거짓말쟁이요 거짓의 아비가 되었음이라.

전통악기인 해금이 연주되면서 마당놀이가 시작된다. 천한 신분의 초랭이가 머리에 벙거지를 쓰고 화난 듯 웃는 두 얼굴의 모습으로 아이들에게 다가간다. 아이들은 깔깔깔 웃기도 하고 놀라기도 하며 뒤로 숨는다. 탈춤은 해학과 풍자로 민초들의 애환을 보여주기도 하고, 현실을 비판하기도 한다. 양반들을 웃음거리로 만들기도 한다. 안동 하회마을과 병산마을에서 전해져 내려오는 우리 고유의 민속 하회탈은 항상 웃고 있는 양반탈에서 우락부락한 모습의 백정탈까지 여러 계층의 특징을 다양한 모습으로 보여주고 있다. 양반, 각시, 선비,

초랭이, 백정, 할매, 스님, 이매, 대감 등과 이제는 없어진 총각, 딱따구리, 별채 탈을 포함하여 12종이 있다 한다.

페르소나? 이성과 의지를 가지고 자유로이 책임을 지며 행동하는 주체로, 가면을 쓴 인격을 뜻한다고 한다. 고대 그리스에서는 가면극을 할 때 소리를 크게 전달하기 위하여 확성기처럼 가면에 고깔을 붙였다는데, 이 모두를 페르소나라 한다는 것이다. 가면으로 집단사회의 행동규범이나 역할을 책임과 자유의지로 수행한다는 것이다.

이러하듯 탈이나 가면은 어떤 모습으로 썼는가에 따라 감추고자 하는 양심이 다 달랐을 것이다. 우리가 세상을 살면서 보통 부끄럽고 창피한 일이 있으면 얼굴을 붉히게 되고 겸연쩍거나 미안해해야 한다. 그것이 사람이 사는 세상이고, 세상은 그래야 하는 것이라 생각한다. 미안한 마음, 부끄러운 마음이 없으면 그것이 어디 사람의 마음이라 할 수 있겠는가? 그렇기에 우리 조상들은 남을 비방하고 조롱하더라도 최소한의 양심만은 지키려는 노력으로 탈을 쓰고, 해학적으로 덩실덩실 춤을 추며 생활에서 오는 고달픔을 달랬던 것이라 생각해 본다. 그리고 그리스에서는 비록 가면을 썼다 하더라도 이성과 의지로 자신이 책임 있는 주체임을 보여주고 있는 것이리라.

지금의 세상은 어떠한가?
요즘 세대의 젊은이들은 너무나 똑똑하다. 나이 많은 세대이 때 묻은 경륜과 경험은 들으려 하지도 않는다. 유교 문화가 몸에 밴 옛 구습을 이야기할라치면 급격히 변화하는 시대에 뒤떨어진 꼰대라는 이름으로 부끄럽게 만들어 버린다. 새로운 문화를 만들어내는 1인 방송이 넘쳐나고, 표현의 자유라는 명분으로 세상에 주관적인 생각을 스스럼없이 뱉어낸다. 유튜버라는 가면을 쓴 것이다.

  이 시대의 부모들은 자녀들을 경쟁력 있게 키우기 위함이라는 명분으로, 자신의 행위에 대해 옳고 그름의 의식도 없이 수단과 방법을 가리지 않고 자녀의 스펙 만들기에 일조한다. 관행이라는 가면을 쓴 것이다. 정치 위정자들은 어떠한가? 국민을 위하지 않는 정치인이 어디 있겠는가? 그러나 이들로부터 국민을 위한 정치 행위가 잘 체감되지 않는다. 정책을 판단할 때 가끔은 소속 정당의 정책보다 상대 정당의 정책이 더 국민을 위한 것이라고 생각되어질 경우도 있을 터인데, 당론이라는 가면에 갇혀 개인의 소신은 포기하기도 한다. 그리고는 그 행위를 조금도 부끄럽거나 겸연쩍어하지 않는다.

  전문직의 집단은 또 어떠한가? 보통의 민초 입장에서 보기에 전문직들은 무슨 복이 있어 師士査事(사사사사)자라는 가면을 선물 받고도, 집단 이기주의 투쟁까지 해야 하는 것일까? 거기에 더하여 전관예우라는 가면까지 이중으로 덮어쓰고 양심을 겹으로 숨기기까지 하는 무리들의 ego는 어디까지일까? 위장전입 하는 사람들, 석박사 논문을 표절하는 사람들, 약자를 돕는다는 명분으로 모금을 하고 그 공금을 유용

하는 사람들, 자신이 한 말을 아무런 표정 변화도 없이 뒤엎는 사람들, 그럼에도 이들이 자신의 일에 당당할 수 있음은 어떤 연유에서일까? 산업이 발달할수록 살기가 좋아져야 하는데 그렇게 느끼지를 못한다. 삶이 팍팍하여도 나쁜 짓 않고 착하게 살아야 하는데, 나쁜 짓이라는 윤리적 잣대의 기준이 너무나 고무줄처럼 주관적인 세상이다.

옛 직장 동료들과의 점심 약속이 있어 전철을 기다리고 있었다. 스크린도어에 인쇄된 시민 공모의 당선작 詩 한 편이 눈에 들어왔다. '집 나설 때 호주머니 가득 채워 갔던 자존심 돌아올 때 훌쭉해져 빈 주먹만 채워 돌아왔다'라는 어느 시민이 쓴 詩 구절을 읽는 순간, 이리 뛰고 저리 뛰며 자존심 다 팽개치고 거래처 사람들을 만나기 위하여 분주했던 지난 세월이 문득 떠올랐다. 세상을 산다는 것은 인생이라는 가면을 쓰고 사는 것이다. 저마다 사는 환경은 다르지만 주어진 환경의 삶을 그렇게 분주히 그냥 사는 것이다. 나는 무뚝뚝하고 참 재미없는 사람임에도, 거래처를 방문하거나 새로운 사람을 만나게 될 때마다 어깨를 쭉 펴고 웃는 모습의 가면으로 표정 관리를 했던 것 같다.

세상에는 모두가 ego로 똘똘 뭉쳐져 자신의 부끄러움도 모르고 그렇게 살고 있다. 자신의 행위가 그르다고 의식하는 사람은 아무도 없다. 자신이 생각하는 나와 제3자가 보고 판단하는 나는 너무도 다른 것이다. 그렇기에 '참 좋은 사람이야. 참 인상이 좋아'라는 사람이 있는가 하면 '인상이 너무 차갑고 예민하다'라며 그 사람의 속사람을 나쁘게 평가해 버리기도 하는 것이다. 생각해 보면 가면이라는 것이 겸연쩍어서, 부끄러워서 쓴다는 순기능이 있음이 오히려 다행이라 해야 할까?

14
將軍 劍
장군 검

> **시30:5** 그의 노염은 잠깐이요 그의 은총은 평생이로다. 저녁에는 울음이 깃들일지라도 아침에는 기쁨이 오리로다.

초등학교 시절쯤으로 기억된다. 선대로부터 대대로 내려온 옛 將帥(장수)들이 지녔던 장군 劍(검)이 집에 있었다는 말씀을 부친으로부터 자주 들어 왔다. 부친께서는 劍(검)을 간수하지 못한 채 피난길을 떠나 안타까워하시기도 하였다. 장군 劍(검)이라 하면 왕이 직접 하사하는 劍(검)이다. 윗대 조상님들 중에는 가선대부—당윤 할아버지, 평안남도 양덕면 온천리 선영—를 지내신 분도 계시었고, 나의 증고조부 되시는 학조 할아버지께서는 무과에 급제하신 분이었다. 그분께서는 구식 군대가 일본에 의해 해체되자 당시의 정세를 한탄하셨고, 러일전쟁 때는 일본군에 대항하며 의병에 가담하여 활동을 하시었다는 말씀도 부친께서는 하곤 하시었다. 의병으로 식량도감과 철기도감이라는 직책을 맡으셨는데, 이로 인해 家産(가산)은 군자금으로 모두 사용되어 가세가 급격히 기울어졌다고 말씀을 하시었다. 이런 연유로 조부님 때는 너무도 가난하였고 설상가상으로 저희 아버지를 낳은 후 조모님까지 돌아가시어서, 조부님은 아버지를 젖동냥으로 키우셨다는 것이다. 이런 환경에서도 부친께서는 겨우겨우 고등보통학교를 마쳤다는 것이다.

일본인 교장으로부터 만주군관학교 입학 추천서와 관동군 장교 소개장을 받으셨다는 말씀도 하시었다. 당시 일제 식민지하의 젊은 청년들은 대다수가 황국 시민이 되는 것이 출세를 하는 길이라고 생각하였다는 것이다. 들뜬 마음이었고 공부를 계속할 수 있음이 좋았다 하시었다. 그러나 증고조부님께서 의병으로 활동하시었는데 잘 생각해서 판단하라는 반대 말씀에 많은 갈등을 하였다. 그러다 결국 홀아버지를 모셔야 한다는 핑계로 추천서를 반납하고 모든 것을 포기하였다 하시었다. 일본군을 상대로 의병에 가담한 선대의 자손이 일본국 만주군관학교에 입학하는 것이 탐탁지 않게 생각되어서였을 것이다. 많은 갈등을 하였다는 것이다. 조부님의 반대에 어쩔 수 없었을 것이다.

대학 방학 때 잠시 시골집에 내려갔을 때 부친으로부터 가문의 史(사)를 들으면서, 당신께서 그때 만주군관학교를 선택하셨으면 지금의 저희들은 이 세상에 없었을 것이라는 말씀을 드렸었다. 그 선택이 우리들에게는 오히려 감사한 일입니다. 이보다 더 감사한 일이 어디 있겠는가? 당신께서 우리 자식들에게 들려준 家族史(가족사)는 지금은 어떠한 자료나 증표도 없다. 자칫 어느 누구도 믿을 수 없는 이야기로 들릴 수도 있다. 믿어달라고 하고 싶지도 않다. 다만 자식으로서 그냥 다음 代(대)에 전하여 이야기로라도 남기고 싶은 마음으로 기록에 남겨 보는 것이다.

우리 가족은 1.4후퇴 당시 철수하는 미군의 군함을 타고 함경도에서 거제도로 피난을 오게 되었다. 혈혈단신 아무것도 가진 것 없이 피난을 온 것이다. 우리 가족 모두가 함께 올 수 있었던 것만으로도 지극히 감사한 일이다. 부친께서는 곧바로 가족들을 거제 구조라 피난민 수용소에 남겨두고 전투경찰에 지원하시었다. 지리산과 덕유산 일대의 빨치산 소탕 작전에 참전하신 것이다. 우리 가족들은 부친이 계신 덕유산 가까운 K 읍으로 오게 되었다. 늘 전투화를 신고 계셨고 인민군 포로들의 조서를 작성하는 일에 바쁘셨다. 내가 아침 도시락 심부름을 하였는데 단 한 번도 도시락을 혼자 드시는 것을 본 적이 없었다. 부친께서는 조서를 받고 있는 포로와 정확히 반씩 나누어 드셨다. 지리산에서 덕유산으로 퇴각하는 공산 빨치산과의 고제 전투에서는 교전 중에 목숨을 잃을 뻔한 적도 있었다 하시었다 이후 경찰관으로 계속 근무를 하시었다. 전쟁 직후라 치안이 어수선할 때의 일이다. 추운 겨울 늦은 저녁으로 기억되는데 경찰서에 대형 화재가 났었다. 화재 현장에는 동네 주민들이 모두 나와 물동이로 불 끄기에 여념이 없었다. 아버지는 화재 소식에 현장에 도착하자마자 바로 유치장이 있는 지붕으로 올라가셔서 지붕을 뜯어내고 갇혀 있는 사람들을 모두 구출하신 적이 있었다. 유치장 문은 잠겨있고 출입문으로는 진입할 수 없는 상황에서 아버지는 그렇게 갇혀 있는 사람들을 구출하신 것이다.

당신께서 집에 계실 때는 늘 책을 가까이하시었다. 기회가 있을 때마다 진급 시험에 응시하시었다. 그러나 매번 합격 소식은 없었다. 한번은 아버지와 가장 가깝게 지내시는 지인분과 이야기를 나누는 것을 들은 적이 있었는데, 시험은 볼 때마다 잘 치렀다고 생각되는데 왜 자꾸 떨어지는지 알 수 없다는 것이었다. 채점 내용을 확인하려 해도 확인이 되지 않는다는 것이다. 그 뒤 5.16 군사 쿠데타가 있고 계엄군이 치안을 장악한 시점에서 도 경찰국을 찾아가 답안을 확인하게 되었다. 그런데 당신의 답안이 다른 사람의 이름으로 채점됨을 확인하였다는 것이다. 그 후 진급 명령을 받으셨다. 지역사회에서 강연도 참 많이 하시었다.

나는 가정교사도 하고 집에서 도움도 조금씩 받고, 장학금도 가끔은 받으며 겨우겨우 힘들게 대학을 다녔다. 어쩌다 시골집에 내려간다는 소식을 전하면 당신께서는 아침부터 밖에서 기다리고 계시는 분이셨다. 당신이 이루지 못한 꿈을 자식이 이루기를 바라는 마음이 컸을 것이다. 당신이 은퇴하시기 전까지 지역사회에서 받은 상장 감사장, 공로상 등이 라면상자로 거의 두세 상자는 되었다. 그 상장들을 보면서 나는 숙연한 마음이 들기도 하였다. 이 많은 상장들이 무슨 소용이 있나 하는 생각이 들었던 것이다.

어차피 인생이 자신의 뜻 대로 되지를 않는다고는 하지만, 증고조부의 의병 활동 역사와 가문의 몰락. 6.25전쟁 등 격동하는 시대의 변화가 나의 아버지의 희망을 가로막았다는 생각을 해 본다. 아버지는 우리에게 물질적인 유산은 남기지 못했지만 정신적 유산만큼은 확실히 남기신 분이시다. 손자가 초등학교 때 가훈을 적어 오라는 숙제가 있었는데, 그때 마침 종친회 대종보 편찬에 볼일이 있어 서울에 올라와 계셨던 때라 손자에게 弱扶平等(약부평등)의 가훈을 남기시었다.

15
세상이 그런 거야

> **시97:11** 의인을 위하여 빛을 뿌리고 마음이 정직한 자를 위하여 기쁨을 뿌리시는도다.

자신의 언행이 부도덕하다는 것 자체를 모르거나 알더라도 최소한의 책임감이나 부끄러움을 느끼지 못하는 것을 '도덕 불감증'이라 할 수 있을 것이다. 지금 우리가 사는 이 사회에는 도덕 불감증인 사람들이 너무나 많다는 생각을 하게 된다. 이런 사람들은 어찌나 말솜씨가 좋고 화려한지 혀를 내두를 지경이다. 자신이 무슨 특별한 사람인 양, 표현의 자유가 무슨 벼슬인 양 떠벌리는 사람들, 청탁이나 카르텔을 형성하여도 이런 행위가 로비이고 자신의 사업능력이라고 주장하는 사람들을 보면서 도덕이 실종된 사회임을 절실히 느끼게 되는 것이다. 도덕이라는 것이 인간이 지켜야 할 도리나 규범이라면 누군가에게 부담과 해를 끼칠 수 있는 말과 행동은 하지 않아야 할 것이다. 이러한 사람들이 조금의 부끄러움이나 미안함이 없이 무분별하게 행하여도 누구 하나 지적조차 할 수 없는 사회, 이런 것이 도덕과 양심이 실종된 사회가 아니겠는가?

일상의 틀 안에서 열심히 사는 사람들은 이런 사람들과 마주하게 되면 몹시 불편해지고 화가 나게 된다. 자연스럽게 옳은 일과 그른 일을 직관적으로 판단하게 되는 것이다. 정작 그런 사람들은 그게 잘못인 것 자체를 인지하지 못하는 안하무인의 태도인데도 말이다. 이러한 사람들 때문에 윤리 도덕 안에서 열심히 사는 사람들은 피해의식을 갖게 되고 불공정한 사회 환경에 실망을 하게 되는 것이다. 그렇지 않으면 나만 손해를 보는 것 같은 기분인 것이다. '주여 시험에 들지 않게 하시옵소서'라는 기도가 절로 나오게 된다.

세월의 묵은 향기가 인생에 더해지고 그에 따라 지성미가 짙어지는 사람이 있는가 하면, 반대인 사람도 있다. 공자는 '巧言令色鮮矣仁'이라 하시었다. 이는 '말을 교묘하게 잘하고 얼굴을 곱게 꾸미는 사람치고 仁의 가치를 지키며 사는 자가 드물다'라는 의미이다. 우리는 겉모습만 보고서는 개개인의 仁 여부를 알 수 없는 것이다.

나는 평생 건축기계설비 분야에서 일을 해 왔나. 이 분야에서 일을 하면서 원도급자나 하도급자나 모두 윤리적이지 못한 경우를 너무나 많이 보아 왔다. 첫 만남에는 더없이 너그럽고 점잖은 사람도 자신의 이윤 앞에서는 巧言令色 그 자체인 것이다. 나는 사회적으로 영향력이 있고 잘난 사람이라도 부패해 곰팡이 나는 사람은 싫다. 조금은 부족할지언정 풀 냄새가 풀풀 나는 평범한 민초들에게 더 호감을 갖는 성향이다.

영국의 작가 존 버니언(John Bunyan)은 그의 책 『천로역정』에서 '크리스천'과 '허례와 위선'의 대화를 통해 당대의 현실을 꼬집었다. 크리스천은 좁은 길 저쪽에서 담을 뛰어넘어오는 허례와 위선을 보았다. 크리스천이 그들에게 나무라는 투로 말을 하였다.

"이 어귀에 문이 따로 있는데 왜 담을 넘어오는 것이냐?"

허례와 위선이 답하였다.

"우리가 이렇게 하는 것은 오랜 관습이다. 율법이나 규례에 대해서는 우리도 당신 못지않게 잘 따르고 있다."

그리고 "이런 관점에서는 당신이나 우리가 다를 것이 없다"라고 오히려 크리스천을 핀잔하였다. 나는 허례와 위선의 '우리도 당신 못지않게 양심적이다'라는 말에 잠시 멍한 마음이 들었다. 그렇다, 세상 사람들은 대부분 웬만한 부정행위는 관습이나 관례로 생각한다. 그렇지 않게 사는 사람이 바보라는 것이다. 허례와 위선도 자신들의 행위가 온당치 못함을 알고 있는 것이다. 자신들도 부끄러움과 불편함을 알기에 어쩔 수 없는 관습이라고 자위한 것이라는 생각을 한다. 모든 것을 바라고 탐내는 인간의 본성인 욕심 때문인 것이다. 욕심이 과하게 되면 온당하지 못한 일을 당했을 때 생기는 부끄러움도 '어쩔 수 없는 일'이라며 '그래선 안 된다'는 온전한 판단을 마비시키는 것이리라. 그렇게 생각하니 우리 사회의 도덕 불감증 일원들에게도 일말의 이유가 되는 듯도 하다. 세상일은 정말 알 수가 없다. 매우 안타깝고 안쓰럽다.

 眞理는 우리가 언젠가는 죽음을 맞게 창조하였다. 우리는 생명이 무한하기를 바라지만 불가능함을 안다. 관행이라는 정당성을 말하지 않는 삶이 더 사람다운 삶이고 眞理가 바라는 삶일 것이다.

16
어떤 삶이
지혜롭게 사는 삶일까?

> **잠9:10** 여호와를 경외하는 것이 지혜의 근본이요 거룩하신 자를 아는 것이 명철이니라.

　새해가 되면 자녀들은 부모님이나 친인척 어른들께 세배를 한다. 어른들은 절값을 주며 자녀들에게 덕담을 건네는 것이 일반이다. 각자의 자리에서 최선을 다하자. 희망하는 일 모두 이루어라, 가족끼리 서로 아끼고 배려하는 마음으로 한해를 잘 보내자 등 이런저런 많은 덕담을 하게 된다. 그리고 "매사에 지혜롭게 행동하여라"라고 말하기도 한다. 지혜롭다는 말은 자신과 관련하여 일어나는 일들의 상황을 제대로 파악하고 인식하여 현명하게 대처하라는 뜻일 것이다. 사물의 이치와 도리에 맞게 일을 헤쳐나가라는 말일 것이다. 덕담의 이면에는 사회적 성공을 이루고 경제적으로 부를 이루어 삶을 풍성하게 하라는 의미도 있는 것이다.

그러나 우리는 녹록지 않은 현실에 살고 있다. 누구나 이러한 현실에서 지혜롭게 살고 싶은 것이 사실인 것이고, 덕담처럼 희망하는 일을 이루고 싶은 것도 사실인 것이다. 그러면서도 다람쥐 쳇바퀴 돌듯 매일같이 반복되는 일상에서 과도한 업무와 생활의 무게로 늘 마음이 무겁고, 쌓여가는 스트레스에서 벗어나기를 바라는 때도 많은 것이다. 물론 사람에 따라 현실에 잘 적응하며 성공을 이루는 사람도 있지만, 그렇지 못한 사람들이 대부분인 것이다.

심산 김창숙 선생께서는 我愚我自知歌(아우아자지가)라는 노래로 세상을 한탄하였다.

世罵我太愚 (세매아태우) 세상은 나를 어리석다 욕하지만
我歎世多智 (아탄세다지) 나는 세상에 지혜가 많은 것을 한탄한다.
智者何其巧 (지자하기교) 지혜로운 자들은 어찌 그리 간교하고
巧者何其僞 (교자하기위) 간교한 자들은 어찌 그리 속이는가?
智者多貴顯 (지자다귀현) 지혜롭다 하는 자들 귀하게 대접받고
愚者多賤棄 (우자다천기) 어리석은 사람들은 하찮게 버림받지만
賤棄固所甘 (천기고소감) 천하게 버림받음 내 오히려 달게 받고

<u>귀 현 비 소 기</u>
貴顯非所企　귀하게 드러나는 것 내 꾀하지 않겠노라.
<u>아 우 아 자 지</u>
我愚我自知　나는 나의 어리석음 스스로 잘 아노니
<u>하 상 사 어 의</u>
何傷死於義　의를 위해 죽는 일이 무슨 허물이 되겠는가?

　이 노래는 당대의 어지러운 사회상을 말하는 것이다. 그리고 동시에 지혜가 오히려 영악하고 교만하여, 나쁜 쪽으로 머리를 굴리며 사람들을 속이고 사회를 어지럽게 하는 측면이 있음을 말하고 있는 것이다. '매사 지혜롭게 처신해라'라는 어른들의 덕담은 똑똑하고 영리하게 처신하되 윤리적인 바탕 안에서 사회적 성공을 이루라는 의미인 것이다. 그런데 자신의 욕심을 채우기 위하여 남을 희생시키고 사회를 어지럽히는 부도덕함이 예사인 것이 현실인 것이다. 그러한 행위는 언젠가는 도리어 자신이 해를 입게 되는 것이니, 탐욕으로 얻어지는 것이 자신의 만족이고 행복이라고 착각해서는 안 될 것이다.

　어떻게 사는 삶이 지혜롭게 사는 삶일까?
　노자는 어리석음(愚)을 지혜의 덕목으로 삼았다. 지혜로운 사람이 되려면 자신이 처한 상황에 따라 어리석음도 있어야 한다는 것이다. 이는 지혜가 없는 사람의 그것이 아니라, 지혜가 있는 영특한 사람의 어리석음으로 이해를 해야 할 것이다. 하나님 말씀에도 '지혜와 권능은 하나님께 있고 계략과 명철도 그에 속한다' 욥12:13 라고 하였고, '사람은 지혜대로 칭찬을 받으려니와 마음이 굽은 자는 멸시를 받으리라' 잠12:8 라고 하였다. 지혜에는 생각을 깊이 해야 하고, 보다 멀리 내다보며 신중히 하는 마음이 필요한 것이다. 현실을 바로 인식함이 중요한 것이다. 현실 속에 진리의 손길이 있음을 느낀다면 그런 사람은 지혜로운 사람인 것이다.

'진리의 손길이 우리의 현실을 역사하고 계심을 믿는다면 그런 사람은 지혜로운 것이다'라고 생각한다. 심산 선생께서 한탄하며 질타하는 대상들의 지혜는 참 지혜가 아니고 부도덕한 간교인 것이다. 그것을 한탄하신 것이다. 이런 사람들 때문에 '세상에는 나보다 덜 똑똑한 사람이 한 사람도 없다'라고 느껴지는 것이다. 지금의 세상도 선생께서 한탄하신 때와 다르지 않고, 서로 헐뜯고 시기함이 그대로인 것이다. 나는 '세상 사람들은 모두 가면을 쓰고 있다'라고 생각하곤 한다. 선생께서 스스로 자신의 어리석음을 아노라고 하신 부르짖음이 진정한 지혜가 아니겠는가? 지혜롭게 산다는 것이 참 어려운 세상이라는 생각을 하게 된다.

17
가족이 힘이다

 너희에게 아버지가 되고 너희는 내게 자녀가 되리라. 전능하신 주의 말씀이니라.

물오리가 새끼를 거느리고 시냇물을 찾아가는 모습을 볼 때가 있다. 그것이 그렇게 신기해 보일 수가 없다. 많은 새끼들 중 어느 한 마리라도 뒤처지거나 낙오가 되면 어미는 안절부절못하며 새끼를 찾는다. 대식구가 이동함에도 험난한 고비를 마다하지 않는다. 낭떠러지를 만나게 되면 어미 오리가 새끼들이 보는 앞에서 과감하게 뛰어내리는 모습을 보여준다. 새끼들 중 용기 있는 녀석이 먼저 어미 쪽으로 뒤따라 뛰어내린다. 또 한 녀석이 뛰어내리면 나머지 녀석들도

주춤주춤하며 모두가 용기 있게 뛰어내려 어미 곁에 올망졸망 모이게 된다. 행여 한 마리라도 낙오가 있을 때에는 어미는 위를 올려보며 안절부절못한다. 낙오된 새끼는 어떻게 해서라도 뛰어내릴 방도를 찾으려 하고 어미 오리는 새끼가 뛰어내릴 수 있는 방도를 찾아 헤맨다. 적은 수도 아닌데 어미가 새끼들을 모두 기억하며 끝까지 책임을 지는 것도 신기하고, 험난한 길을 어떻게 해서라도 헤쳐가는 것이 참 대견하다.

 누구나 가족은 자신의 생명이고 삶의 이유일 것이다. 가족은 단순한 혈연이 아니라 사랑이고 헌신인 것이다. 그러면서 공동의 목적과 정서로 살아가는 작은 공동체인 것이다. 가족을 통해 자신의 정체성도 가치관도 형성되는 것이다. 어려움을 겪을 때는 가족 모두가 하나가 되고 기쁠 때는 열 배, 스무 배 가족의 수만큼 기쁨을 나누는 것이다. 가족들과 함께하는 역경과 기쁨은 주변의 사람들이 건네는 위로와 축하와는 그 깊이가 다른 것이다. 가족이라는 관계가 대화를 하며 서로를 이해하고 소통을 하는 것이 바람직하겠지만, 대화가 없고 무뚝뚝해도 서로의 생각을 헤아리는 것이 가족인 것이다. 때로는 자녀가 속을 썩인다 해도 우리는 하나의 공동체라는 것을 모르지 않는 것이 가족인 것이다.

 나는 아들만 둘을 두었다. 두 아들이 성장해서 가정을 꾸리고 그런대로 자신의 몫을 다하며 살고 있다. 참 감사한 일이다. 새 가족으로 손녀들만 두었지만 오히려 그것이 우리 부부를 즐겁게 해주는 것이 영락없는 한 핏줄인 것이다. 가족이 어떤 의미인지를 절실히 느끼게 해주고 있는 것이다. 방학이 되어 손녀들이 할머니 할아버지 집에 오게 되면 아내는 그때부터 분주히 바쁘다. 손녀들이 맛있게 먹을 음식들을 준비하느라 바쁘다. 다음날은 백화점이나 마트에 들려서 예쁜 옷을 사 입힌다. 그냥 기쁘고 즐거운 모양이다. 이유가 없다. 가족이란 이런 것이다. 가족에게는 그 무엇도 아깝지가 않은 것이다. 반대로 경제적으로 부족한 경우라면 얼마나 속이 상하겠는가? 마음껏 주고 싶은데 여건이 되지 않아 속이 상하고 안타까울 것이다. 그러나 가족끼리는 말을 하지 않아도 이미 이해가 되어있는 것이고, 어떠한 내색도 탓도 하지 않는 것이다. 이런 것이 가족인 것이다. 부모는 그런 것을 더 안타까워하는 것이다.

  나는 명절이나 기일 때는 어김없이 시골집을 찾곤 하였다. 어쩌면 이것이 사회생활을 하는 나로서는 새로운 각오와 힘이 되어주는 큰 에너지가 되기 때문이었다. 부모님은 부모님대로 자식들이 오는 시간을 열 일 제쳐두고 기다리고 계시었다. 가족이란 그런 것이다. 자녀들만 부모를 의지하는 것이 아니다. 부모들도 자녀가 있어 위로가 되고 힘이 되는 것이다. 어린 시절에는 이웃들도 친구들도 가까이 있어 세상 걱정 없이 즐거웠던 추억들이 있었을 것이다. 세월이 흘러 생업을 위하여 모두가 주변을 떠나고 나면 남아 있는 것은 가족밖에 없다. 그 가족마저도 자신들의 삶을 찾아 떠나면 노부부만 덩그러니 남는다. 그래도 한 집안에 어른이 계셔서 중심을 잡으면, 집안의 대소사 때 그 가족의 힘을 보게 된다.

가족 중에 어느 한 사람의 용기와 헌신은 가족을 하나로 결속시키는 역할을 하게 된다. 가족의 구성원은 다양하다. 각자의 분야에서 자신의 몫을 다할 때 가족의 힘은 더욱 두드러져 보이게 되는 것이다. 모든 형제가 골고루 잘되어 있으면 더없이 좋을 것이다. 그러나 형제가 다 잘 될 수는 없는 것이다. 나는 우리 가족을 결집하기 위하여 아이들 결혼 전후, 수년간 여름마다 단합 모임을 가져왔다. 은퇴한 지금에는 그때를 그리워하는 이야기를 하곤 한다. 아들들에게 "이제는 너희들이 주관하여 단합을 해야 한다"라고 말해주고 있다.

가족 간에는 특별한 이야기를 나누지 않는다. 그럴 필요가 없다. 분위기만으로도 서로의 상황을 느낄 수 있기 때문이다. 그만큼 격의 없는 것이다. 부모들이 볼 때는 자녀들이 툭하면 싸우고 삐치고 하는 것이 걱정도 될 것이다. 그러나 염려할 것 없다. 오히려 다투지 않는 것이 더 이상한 것이다. 다투면서 성격이 형성되고 개성이 만들어지고, 세상을 웬만큼 살게 되면 자신의 위치를 스스로 깨우치게 되는 것이다.

가족 한 사람의 생명을 살리기 위하여 전 재산을 병원비로 쓸 수밖에 없는 사연을 뉴스로 접한 적이 있었다. 이는 가족만이 할 수 있는 힘인 것이다. 단순히 서로가 힘들 때 힘이 되어주는 의미의 가족이 아니란 말이다. 나의 가족은 어떠한가? 한 번쯤 생각하는 기회가 되기를 바래 본다. 가족이라는 개념은 어느 누가 가르쳐주지 않아도 인간의 존엄성이 무엇인가를 실천적으로 알게 하는 것이다. 내가 있음으로써 내 가족이 있고 이 세상이 존재하는 것이기 때문이다.

PART 03

느끼며
생각하며

01
비무장지대 평화생태공원

 평안을 너희에게 끼치노니 곧 나의 평안을 너희에게 주노라. 내가 너희에게 주는 것은 세상이 주는 것과 같지 아니하노라. 너희는 마음에 근심하지도 말고 두려워하지도 말라.

목숨처럼 여기며 운영해 온 설계경영에서 물러났다. 딱히 준비된 소일거리도 없어 허한 마음에 이런저런 생각 중, 우리나라에서 가장 북쪽에 위치한 철원지방을 돌아보자는 생각이 들었다. 포천의 산정호수까지는 서너 번 다녀왔었지만 철원지방은 처음인 것이다. 분단의 현실이 대치하고 있고, 6.25 전쟁 기념일이 되면 가끔 뉴스에서 북괴의 노동 당사를 영상으로 보아 온 것과 북측의 남침용 땅굴이 있다는 징도기 시 지방에 대하여 아는 전부였다. 노동당시는 전쟁이 일어나기 전 1946년에 조선노동당에서 건설했다 한다. 지금은 전쟁 때 파괴되어 여기저기 총탄의 흔적이 있는, 전면 벽체만이 상징처럼 덩그러니 서 있었다.

철원은 상상 이상의 비옥한 땅이 펼쳐져 있는 넓은 평야였다. 축복받기에 충분해 보이는 그런 고장이라는 생각이 들었다. 주민들의 말에 의하면 일제 강점기에는 인구가 10만이 넘는 도시로 교통의 요충지이기도 하였다 한다. 옛날 후삼국시대에 궁예가 후고구려의 도읍지로 터를 정했던 이유를 충분히 알 수 있었다. 사람들의 언행에서 신라, 백제 문화권의 사람들과는 조금은 다른 느낌을 받을 수 있었다. 토착 주민들은 다소 무뚝뚝하고 거친 기질이 느껴졌지만 음식은 나의 입에 너무나 잘 맞았다.

정해진 예약시간에 맞추어 DMZ 생태평화공원 방문자센터에 도착했다. 비무장지대에 대한 사전 지식과 민통선 내에서 지켜야 할 주의 사항을 간단히 교육받은 후, 안내인의 인도에 따라 민통선을 통과하였다. 비무장지대 내 생태평화공원 탐방을 시작했다. 탐방로 주변에는 아직도 지뢰밭이 그대로 있어 정해진 길만 따라 걸어야 한다. 3월의 바람은 차가웠다. 개천에는 봄기운이 느껴진다. 여름철 장마 때는 목함 지뢰가 떠내려오기도 한단다. 기분이 오싹했다. 남방한계선 가까이에 위치한 용양보는 오랜 시간 동안 사람의 발길이 닿지 않은 습지 보호구역으로, 다양한 생물이 서식하고 있다. 격전지였던 암정교와 금강산철도의 도로원 표시에서 전쟁의 흔적과 남북이 하나였음을 느낄 수 있었다. 개천을 따라 철로 둑길을 걸어 용양늪에 다다르면 밧줄로 연결된 도하 다리의 잔해가 아직까지 그대로 남아 있는 것이 보인다. 전쟁의 흔적이 묻어 있는 고요함이 평화롭기까지 하다. 모든 것이 평화 그 자체이고 숙연했다. 원산에서 금강산으로 이어지는 철도는 이제는 전설이 되어있었다.

먼발치로 바라뵈는 곳에 전쟁 당시 습지를 건너기 위하여 용양늪 가운데쯤에 남북으로 설치되었던 도하 다리가 망가진 체 덩그러니 그대로 남아 있다. 가마우지 무리가 도하 다리가 연결된 줄에 자리를 잡고 있는 것이 보였다. 얼마 전에는 이곳의 도하 다리를 건너야 했던 긴박한 전투를 경험한, 팔순이 훨씬 넘은 어느 노병의 방문객이 있었다 한다. 이 노병은 생사를 알 수 없었던 이곳에서의 전투가 추억으로 남았던 모양이다. 세월을 간직한 자연의 시간을 사진으로 남기기 위해 사진작가, 무명의 화가 등 예술인들이 더러 방문하기도 한다 하였다.

언제 만든 지는 알 수 없지만 북측 행정기관에서 세웠을 법한, 콘크리트로 된 금화군 도로원표에는 북으로 원산 153.5㎞, 회양 57㎞, 남으로 철원 26㎞ 학천, 43.9㎞로 각 방향 거리가 표기되어 아직도 남아 있다 참 서글픈 분단의 현실이다.

탐방 길을 따라 걷다 보면 가끔 고라니, 재두루미, 큰검은독수리, 원앙새, 물오리 등 이름 모를 새들이 먹이 사냥을 하는 것을 볼 수 있었다. 남북이 대치하고 있는 비무장지대에서는 사람의 발길이 닿지 않은 자연 그대로의 모습을 볼 수 있어 좋았다. 우거진 숲과 아름다운 자연풍광, 민통선 내에서 농사를 짓고 있는 주민들, 그 모습 모두가 자연 그 자체이다. 농사를 경작하는 사람들이 궁금하여 안내인에게 물어보았다. 전쟁 직후에는 두려운 마음에 농사를 경작하지 못했지만, 군사정부 시절에 민통선 내 농사를 경작할 희망자를 선발하여 농사를 짓게 되었다는 것이다.

철책선 전망대에서 바라보이는 북녘땅에는 멀리 북한의 협동농장도 바라보였다. 5천 년의 그 지긋지긋하게 가난했던 한반도의 역사 속에 이어온 우리 민족이다. 6.25 전쟁 이후 정치적으로 좌우 이념이 대립 되어온 열악한 사회적 환경에서도, 70년이라는 짧은 기간에 전쟁으로 폐허가 된 국토를 재건하고 세계 10위권의 경제 대국으로 일어선 우리 민족이다. 그런데 왜 남북한의 통일은 이루어 내지를 못하는 것일까? 분단의 현실이 대치되고 있는 철원 지역을 체험하는 동안 내게 다가온 느낌은, 이곳은 더없이 비옥하고 풍요한 땅이었고 긴장과 대립이 오히려 신세계를 보여주는 듯 고요함과 적막함으로 다가온다는 것이었다. 주님 이 땅에 평화를 허락하심에 감사합니다.

02
태백 탄광 지역을 돌아보며

> **욥19:26** 내 가죽이 벗김을 당한 뒤에도 내가 육체 밖에서 하나님을 보리라.

엔지니어로서 지금까지 설비설계를 천직이라 생각하며 우직하게 설계에만 매달려 살아왔다. 세월이 흘러 경영에서 물러났는데, 은퇴 이후를 대비한 버킷리스트에 대한 계획이 아무것도 준비되어 있지 않았다. 무언가를 하긴 해야 하는데 딱히 생각나는 것도 없었다. 깊은 공부 없이 짬짬이 인문·철학 분야 등의 서적을 읽어보는 정도였기에 전문 분야 외는 그다지 아는 것이 없었다. 나 스스로가 지금까지 '참 계획 없는 무지한 삶을 살았다'라는 작은 자책도 들었다.

오늘은 무엇을 할까? 자꾸만 생각이 많아진다. 지루하고 답답한 일상이 싫어서 태백을 여행하기로 하였다. 오륙십 년대 이후부터 생활고 때문에 전국에서 모여들었다는, 광부들의 애환이 서린 태백 탄광촌을 둘러보고 싶어졌다. 지금까지 살아오면서 태백 탄광촌을 둘러본 적이 한 번도 없었기 때문이었다. 또 일제 강점기 때부터 우리나라의 연탄 에너지를 책임져 왔던 탄광 지역을 방문해 보고 싶어서이기도 했다.

태백은 탄광촌을 이야기하기 전에 한반도의 젖줄인 한강과 낙동강의 발원지가 있는 지역이기도 하다. 평균 해발고도가 800m인 도시이다. 어쩜 도시라기보다는 탄광 광구를 중심으로 여기저기 골짜기에 집성을 이루고 있는 탄광 마을인 것이다. 우리나라의 다른 도시와는 달리, 우리 선조들이 살아온 전통 마을은 하나도 볼 수 없었다. 일제 강점기 이후 새로이 집성된 마을임을 금방 느낄 수가 있었다.

2023년 3월 23일 목요일, 날씨 탓일까? 온 세상이 흐리고 어둠이 내려앉아 칙칙하다. 탄광광업소 주변에는 골짜기 개울물도 검은 빛이다. 건물도 집도 나무도 온통 흑빛 채색으로 흉물스럽기도 하지만, 주변에 작은 식당들이 있었던 것으로 보아 아련한 한때는 성시를 이루었을 때도 있었을 것이라는 생각도 들었다. 그들의 애환을 느끼게 하는 몇몇 남은, 서민들을 상대했을 술집들이 그 시절의 풍경을 짐작하게 했다.

철암역의 철암 광업소가 마지막 남은 탄광이란다. 금년 여름쯤에는 이곳마저 폐광된단다. 식사를 하기 위하여 들렀던 식당 사장이 신나게 설명을 해댄다. 광업소와 주변 탄광촌 그대로 관광지로 개발할 계획이어서 앞으로 기대를 하고 있는 것 같았다. 탄광촌 벽화마을을 거닐면서 광부들이 꿈을 찾아 이곳으로 모여들었듯이, 이들의 2세들은 그들의 큰 꿈을 찾아 국내든 해외든 어디든 떠났을 것이라는 생각이 들었다.

1963년~1977년의 14년에 걸쳐 7,936명의 광부들이 파독되었다 한다. 지지리도 가난했던 당시의 실상을 벗어나기 위하여 이역만리 돈을 벌기 위해 파독된 광부들의 모습. 이를 보면서 오늘을 사는 젊은 세대들이 이 시절의 어려웠던 현대사를 학습하였으면 하는 바람을 생각해 보았다.

태백은 관광 지역으로 조금도 손색이 없다는 느낌을 받았다. 우리나라 석탄산업의 역사를 한눈에 볼 수 있는 태백 석탄박물관, 태백체험공원, 철암 탄광역사촌, 철암역두 선탄시설, 산세가 수려한 산악지대로 고생대자연사박물관 등이 석탄산업의 역사를 잘 설명해 주고 있었다. 한강과 낙동강의 발원지인 검룡소와 황지연못에서는 엄청난 양의 물이 솟아나고 있었다. 신비의 구문소는 황지천과 철암천의 두 물길이 지하에서 만나 지금의 깊은 물웅덩이가 만들어져, 황지천 백룡과 철암천의 청룡이 지배권을 다투었다고 한다. 그 결과 백룡이 청룡을 제압하고 승천하면서 구문(구멍)이 생겼다는 전설은 여행객들에게 재미를 더해주었다.

함백산을 오르기로 하였다. 1,572.9m의 우리나라에서 여섯 번째 높은 산이다. 산행 들머리의 고지가 1,300m여서 쉽게 오를 수 있으리라고 생각하였지만 가파른 오르막길이었다. 짧은 코스였지만 일흔일곱이란 나이로는 힘이 들었다. 벅찬 숨을 몰아쉬면서 천천히 아주 천천히 산을 올랐다. 힘들면 쉬어가고 그렇게 산을 올랐다. 정상에서 다른 산행 팀들을 만났다. 100대 명산을 순례하는 육십 대 초반의 등산객 두 분과 홀로 백두대간을 종주 중인 젊은 산악인, 그리고 산 약초꾼도 만날 수 있었다. 정상에서 만난 사람들과 산에 대하여 자연에 대하여 잠시나마 이런저런 대화를 나눌 수 있어 좋았다. 안개인지 구름인지를 알 수 없는 운무가 가득하여 주변의 경관을 볼 수 없음이 아쉬웠지만, 스트레스를 확 날려 보낼 수 있어 마음이 뿌듯하였다.

하산하여 들른 곳은 우리나라에서 가장 고지대인, 하늘 아래 첫 정거장이라는 태백선 간이역 추전역(855m)을 들렸다. 일제 강점기에 일본인들에 의해 건설된 제천-영주 간의 죽령터널(4,500m)로 우회하여 전국으로 공급되던 태백 지역의 무연탄을 보다 빠르게 공급하려 했다고 한다. 그러기 위해 우리 기술로 추전-고한 간의 정암터널(4,505m)을 뚫어 1973년부터 태백선 철도가 개통되었다 한다. 당시의 우리 기술로는 대단한 일을 해냈다 할 수 있는 건설이다. 현재는 태백 지역의 인구감소와 더불어 여객 역무가 중단된 상태였다. 지금은 모든 것이 여행객의 발길만을 기다리는 듯한 추전역이다. 6.25 전쟁 직후 우리들의 삶이 힘들었던 시절, 서민들의 연료를 책임져 왔던 태백. 그 교통과 물류를 감당해 왔던 추전역이 이제는 모두 관광 명소가 되어 있었다. 우리가 살아온 세상의 또 다른 모습을 보았다. 주님, 태백 탐방 감사합니다.

03
청학동에서
율곡 선생을 만나다

> **창1:1** 태초에 하나님이 천지를 창조하시니라.

    누구나 다 마찬가지 인생이지만, 녹록지 않은 세상에서 치열하게 열심히 살아왔다. 삶의 후반은 여유를 갖고 살아야겠다고 생각했던 마음과는 달리, 나 자신이 자꾸 유효기간이 지난 폐기물처럼 보여지는 것 같아 모든 것이 서글프다. 장자는 나만의 소리가 옳다는 생각을 비우고 타인의 소리와 조화를 이루라 하지 않았는가? '지금까지의 모든 것은 내려놓아야 한다. 비워야 한다. 그래야 평안을 찾을 수가 있다'라고 가슴으로는 몇 번이고 되뇌지만 머리는 가슴을 따르지 못한다. 이렇게 생각이 많아져 있을 때 매제로부터 연락이 왔다. 강릉 청학동 소금강 트래킹을 가는데 함께 가자는 것이다. 바깥바람을 쐬면서 복잡한 머리도 비우고 자연이 빚은 산천을 거닐다 보면 마음도 정화될 거라 믿어 함께하기로 하였다.

채비를 꾸려 다음 날 아침 7시에 출발하였다. 진부에서부터 오대산 월정사 입구를 지나 산속으로 이어지는 진고개 길은 오색 단풍으로 물들어 탄성을 자아내게 한다. 한순간에 모든 시름이 사라지는 느낌이었다. 소금강에 대한 기대가 한껏 부풀어 올랐다. 소금강 주차장에는 토산품 가게들과 식당들이 관광 손님들을 기다리고 있고, 조금 지나 바위 반달곰 像(상)이 청학동 계곡 들머리임을 알 수 있게 한다. 십자소-금강사-연화담-식당암-삼선암-대왕폭포-세심폭포-구룡폭포-선녀탕-만물상-백운대로 이어지는 코스다.

계곡 입구에 들어서니 율곡 선생4)의 遊靑鶴山記(유청학산기) 안내판이 있었다. 454년 전(1569년 4월) 34세 때 아우(이우), 이모부(권화), 유생(박대유), 생원(장여필) 등과 함께 유람하였다 한다. 이곳 이모부의 별장 무진경에 머물면서 '정자 옆을 흐르는 계곡물의 근원이 오대산이며, 그 계곡을 따라 깊숙이 들어가면 청학이 기암 봉우리 위에 깃들고 있으니 참

---

4) 학자 율곡은 퇴계와 쌍벽을 이루는 조선의 성리학자로서 한국 철학의 발전에 크게 이바지하였다. '인간은 惻隱之心(측은지심), 羞惡之心(수오지심), 辭讓之心(사양지심), 是非之心(시비지심),의 도덕감정(4단)이 별도 있는 것이 아니라 喜怒哀懼愛惡欲(희노애구애오복)의 일반감정(7정)이 절도에 맞게 표현되면 그것이 곧 도덕감정이다'라 하여 현실을 중시하였다 한다.

으로 선경이나 사람의 발길이 닿지 않아 크게 알려지지 않았다'라는 말을 듣고 유람에 들었다 한다. 금강사 앞을 지날 때에는 고즈넉한 이끼가 덮인 돌담이 운치를 더한다. 누가 빌었는지 소원을 빈 흔적의 작은 돌담이 보였고 주변이 온통 습기로 촉촉했다.

  청학동 소금강은 그 옛날 교통이 불편했던 시절에 아내를 처음 만나 여행을 했던 곳이기도 하다. 46년 전의 일이다. 그때는 이곳을 율곡 선생께서 유람했다는 것도 몰랐었다. 지금처럼 탐방로가 데크길도 아니었다. 폭포 아래 움푹한 물웅덩이가 있는 연화담 근처에서 잠시 쉬어갔다. 주변에 작은 까마귀 무리가 있고, 다람쥐가 사람을 무서워하지도 않는다. 많은 탐방객들이 먹이를 주었기 때문일까? 다람쥐를 보며 돌길을 걸었다. 가파른 길이 아닌 데도 조금만 걸으면 힘에 부친다. 나이 70세 중반이 훨씬 넘었으니 그럴 수밖에. 그런데도 내가 늙었다는 생각은 들지 않는다. 나이 먹는 것이 싫은 모양이다. 금년도 이제 두 달 남았다. 세월의 빠름을 실감한다. 몇 개월 전까지만 해도 머리를 검게 염색을 하였는데, 이제는 염색을 하지 않기로 하였다. 희끗희끗한 머리 그대로 두기로 하였다. 그렇게 해야만 할 것 같아서이다. 붉게 물든 단풍이 지는 것은 아쉬운데 내가 늙어 감은 왜 알지 못하는가? 이것도 축복일 거야.

  율곡 선생이 머물렀다는 식당암에 도착하였다. 신라의 마의태자가 잃어버린 나라를 되찾기 위해 군사를 모아 훈련시키며 밥을 먹었다 해서, 식당암이라고 이름 되어 전해 내려오는 곳이다. 100명은 족히 앉을 수 있는 넓은 너럭바위였다. 그런데 선생은 이를 '비선암'이라고 고쳐 부르고, 주변의 계곡을 천유동이라 하였고 그 아래 못은 경담이라고 이름 지어 산 전체를 靑鶴山(청학산)이라 명명했다 한다. 마당 같은 바위에 앉아 잠시 쉬면서 커피 한잔으로 피로를 풀어보았다. 기암괴석 사이로 흘러내리는 계곡물은 군데군데 沼(소)를 이루어 청록의 물빛이 영롱하다. 다시 쉬엄쉬엄 계곡을 따라 걸었다. 아홉 마리의 용이 폭포 하나씩을 차지했다는 전설이 전해지는 구룡폭포에 도착하였다. 힘차게 쏟아지는 굵은 폭포는 계곡을 찾는 탐방객들의 심신을 씻어주기에 충분하였다. 아래 沼(소)에는 붉은 단풍잎들이 빙그르르 흐른다.

  힘들어도 만물상을 볼 수 있는 백운대까지는 가야겠다고 생각했다. 만물상은 다양한 형상으로 신비로움을 더하였다. 숲속 절벽 위 우뚝 솟은 노인의 얼굴 형상은 자연이 빚어낸 걸작품이다. 뽀쪽한 코, 진한 눈썹이 세월을 견뎌온 풍상을 보여준다. 율곡 선생은 '다시 두 고개를 넘어 30여 리쯤 걸어가니 한 고개가 대단히 높고, 길가의 수석이 깊이 들어갈수록 더욱 기이하여 눈이 어지러워 이루다 기록할 수가 없다. 토곡에서부터 서쪽으로 오면서 하늘의 조화가 점차 교묘한 솜씨를 보여 학소암을 형성할 바탕을 만들어놓은 것이다'라고 遊靑鶴山記(유청학산기)에 이렇게 기록하시었다. 그리고 '중첩된 봉우리와 골짜기 속에 그 광채를 감추고 숨겨 아무도 찾아오는 사람이 없으니, 하물며 그 웅숭깊은 곳이라 신령스러운 곳이 세속에 비장되어 자신을 알아주는 이를 만나지 못하는 것이 어찌 山(산)뿐이겠는가?'라고 유람의 후기를 世上事(세상사)에 빗대기도 하였다. 454년 전에 율곡 선생께서 며칠에 걸쳐 유람했던 계곡을 용인 수지에서 아침에 출발하여 하루 만에 걸을 수 있다는 것에 세월의 간격을 느낀다. 그러나 지금도 깊은 골짜기의 기암절벽 수석과 맑은 물의 청학동 계곡은 그 신비로움을 품고 있다. 주문진 시내 숙소에서 하루를 묵으며 매제네와 서로 행복을 소원하였다. 그리고 막걸리 한잔에 누적된 피로를 풀며 '세상은 그때나 지금이나 같은 시간에 있다'라는 생각을 해 본다.

04
메멘토 모리

 우리가 아직 죄인 되었을 때에 그리스도께서 우리를 위하여 죽으심으로 하나님께서 우리에 대한 자기의 사랑을 확증하셨느니라.

　은퇴 후 여유로워진 시간에 무엇을 해야 하나 하고 이런저런 생각을 하다가 그간 살아온 세월 동안 겪었던 일, 기억에 남는 일 등을 정리하기로 마음을 먹게 되었다. 그런 생각 중에 '메멘토 모리'라는 무거운 주제와 마주하게 되었다. 이는 '너는 반드시 죽는다는 것을 기억하라'라는 뜻의 라틴어 말이라 한다. 고대 로마의 서정시인 호라티우스가 지은 시에 나오는 구절에서 유명해진 말이라 한다.
　사람들은 살면서 누구나 한 번쯤은 죽음에 대해서 생각해 보게 되다. '죽으면 어떻게 될까?'라고 생각해 본 경험이 있을 것이다. 그러나 사후세계는 누구도 경험해 볼 수 없는 영역이다. 고대 로마에서는 원정에서 승리를 거두고 개선하는 장군이 시가행진을 할 때 전쟁포로나 노예를 시켜 '메멘토 모리'를 크게 외치게 했다 한다. '오늘은 개선장군이지만 언젠가는 너도 죽는다. 그러니 승리에 도취해 흥분하지 말고 겸손하게 행동하라'라고 경각심을 주기 위함이라는 것이다. 자신이 맞서서 싸운 적대국의 전쟁 포로로 하여금 '메멘토 모리'를 외치게 했다는 것이 여러 생각을 하게 하는 대목이다.

'너희는 神이 아니기에 죽을 수밖에 없는 人間임을 기억하라'라는 종교적인 외침이 엿보인다. 神 앞에서는 모두가 평등하듯, 죽음 앞에서도 모든 사람은 평등하다. 다만 살면서 어떤 삶을 어떤 善惡으로, 어떤 信仰으로 살아왔는가에 따라 죽음을 맞게 되는 자세는 모두가 다를 것이다. 인생을 살면서 죽음을 미리 의식하며 사는 사람은 없다. 저마다 자유의지로 살지만 옳고 그른 것에 대한 깊은 성찰 없이 세상적인 성공만을 위하여 그냥 앞만 보고 열심히 살아갈 뿐이다.

나는 위암 수술을 받은 적이 있었다. "캔서(cancer)입니다"라는 검진 결과를 전해 들었을 때의 참담함은 무어라 설명을 해야 할까? 위암 진단을 받고 수술 3개월 뒤 예후를 확인하기 위하여 CT 촬영을 하였다. 그런데 췌장에도 암이 의심된다는 청천벽력 같은 검진 소견을 전해 들었을 때는 한순간 멍하니 온몸에 힘이 죽 빠져나감을 느낄 수 있었다. '더 이상 희망이 없구나', '나의 삶은 여기까지구나', '이제는 죽는구나'하고 낙담하며 그때 그 순간만큼 죽음에 대하여 절실하게 인지한 적이 없었다. 이 모든 상황을 위로받고자 수도권 주변의 수목원을 찾아다니며 자연의 아름다움을 눈에 담으려 하였고 그 신비로움에 감탄하였다. 세상 眞理(진리)는 이렇게 내게 다가온 것이다.

  죽음이란 실체가 소리 없이 다가왔을 때 우매한 나는 그제야 '이제는 이렇게 죽는구나'하고 죽음 앞에서 한없이 작고 초라한 자신을 보게 된 것이다. 살아온 세월의 어떤 것도 되돌릴 수 없고 후회를 해도 소용이 없음을 알았다. '메멘토 모리'라는 외침의 신과 죽음이라는 무거운 주제에서 종교적 가치를 알게 하는 것이다.

  아담과 하와는 뱀의 꼬임에 따먹지 말라는 선악과를 따먹었고, 그 결과 원죄가 저질러졌다. 죽을 수밖에 없는 존재들이 되어버렸다. 그런데도 사람들은 이 모든 것을 망각한 채 온갖 부정부패와 악으로 뒤엉켜 부도덕한 일들이 넘쳐나는 세상을 만들고 있다. 이러한 우리들에게 하나님은 '하늘에 계신 우리 아버지여, 이름이 거룩히 여김을 받으시오며, 나라가 임하시오며 뜻이 하늘에서 이루어진 것 같이 땅에서도 이루어지이다'라고 기도를 하라 하시었다. 하늘에 계신 하나님이 이 땅에 이루어지기를 바라는 세상은 어떠한 세상인가? 설마 아담과 하와가 선악과를 따먹기 이전의 에덴동산과 같은 세상이 되기를 원하시는 것인가? 세상이 워낙 윤리적으로 타락하였기에 에덴

동산으로 되돌리기에는 불가능한 것 아닌가?

眞理는 왜 善과 惡을 만들었을까?

인간은 여호와 하나님이 먹지 말라는 선악과를 먹고 원죄를 지은 존재들이다. 그리고 神의 입장에서 다스려지는 선함과 악함은 인간의 입장에서 판단되는 선악과는 너무나 다르다는 생각을 해 본다. 우리는 소중한 사람의 죽음이나 세월호 이태원 참사 같은 죽음에 대하여 슬퍼하고 애통해하면서, 정작 자신의 죽음에 대해서는 아무런 감각이 없는 듯하다. 한순간 슬퍼하고 나면 금방 모든 것은 잊어버리고 온갖 부조리가 만연한 세상에서 사는 것에만 연연한다. 하늘의 뜻이 어디에 있는지, 神의 의중이 무엇인지 그다지 심각해하지 않는다.

노자는 '死而不亡者는 壽하다'라 하시었다. 이는 '죽어도 잊혀지지 않는 자는 영원히 산다'라는 뜻이다. 이 내용이 죽어도 이름은 세상에 남아 영원히 사는 것을 의미하신 것인지? 아니면 진리인 道와 함께 할 때 비로소 壽(영생)한다는 영의 세계를 의미하는 것인지? 어느 삶을 의미하는지 알 수가 없다. 깨달음이 없고 무지에서 탈피를 하지 못했으니 그럴 수밖에…. 어느 신학자는 죽음은 神이 인간에게 주신 최고의 선물이라 하였다. 일전에 안식 주일 예배가 끝나고 교제 시간에 장로님들과 眞理에 대하여 대화를 나눈 적이 있었다. 眞理가 이 세상에 바라는 진실은 무엇일까? 우리는 그냥 眞理(진리)에 대한 믿음의 삶을 사는 것이 '메멘토 모리'를 예비하는 자세라 생각해 본다.

05
내 안에 또 내가 있다

> **시51:11** 나를 주 앞에서 쫓아내지 마시며 주의 성령을 내게서 거두지 마소서.

어린 시절 달빛이 훤한 밤길을 걸었던 기억이 있다. 걷는 내내 달이 내가 가는 길을 따라오는 것을 보면서, '저 달은 왜 나를 계속 따라오나?' 하고 무서움을 떨쳐 버리려고 내 안의 나와 끊임없는 대화를 나누었다. 지금 그때를 생각해 보면, 나와 대화를 나누었던 또 다른 내 안의 존재는 무엇인가? 당시에는 아무런 느낌도 생각도 없었던 두 존재 간의 대화였지만, 세상을 어느 정도 살아온 지금에 와서 생각해 보면 그때 내 안에서 대화를 나누던 존재는 순수하였다는 생각을 하게 된다. 별이 무수히 쏟아지는 밤하늘을 보았을 때도 나는 내 안의 나와 그렇게 대화를 나누었었다.

　세상을 산다는 것이 끊임없는 경쟁에서 나를 지키는 것이고 아무리 세상이 각박하다 해도, 사람으로서 정도는 지켜야 한다는 '참' 나의 강한 윤리의식이 내 일상을 참으로 많이도 괴롭혀 왔지 않은가? 한쪽으로는 정의를 말하고 한쪽으로는 부정을 일삼는 세상의 많은 위정자들을 보면서, 얼마나 많은 善(선)한 사람들이 자신의 부족함을 자책하면서 스트레스를 받았겠는가?

　에크하르트 톨레는 육신의 세계와 영적 세계가 따로 있고 이쪽 차원의 세계, 즉 육신의 세계는 우리 안에 똬리를 틀고 있는 거짓 세계라 하였다. '어떻게 하면 마음의 노예가 되지 않고 우리 자신을 옭아매는 것으로부터 벗어날 수 있을까?'라고 고민하고 있다 하였다. 이 글을 읽으면서 많은 공감을 하였다.

　나에게는 '나'라는 존재를 의식하게 하는 생명이 깃들어 있다 하였다. 그러면 나는 누구인가? 스스로에게 질문을 해 본다. 그런데 '나는 누구이며 세상에서 해야 할 일은 무엇이며 어떻게 살아야 할 것인가'를 의식하며 사는 사람이 얼마나 있을까? 어떤 사람들일까? 그런 사람이 있기는 하는 걸까? 내 안에는 가끔은 나를 질책하는 내가 있음도 알고 있는가? 때로는 내 안에 내가 하나가 아니고 여러 형태로 존재하는 것처럼 생각될 때도 있지 않은가? 내가 나의 본모습과는 전혀 다른 이미지로 보여지기도 하는 것이 아닌가? 나의 존재, 나의 정체성이 다른 사람에게 왜곡되게 보여질 때 '나는 그동안 무엇을 했나?'라고 자책도 하게 된다. 이러한 나 자신의 존재에 대하여 내가 싫어지거나 못마땅할 때도 있다. 진정한 나의 존재는 무엇인가? 지금, 이 순간 나의 존재를 느껴보기 위하여 집중해 보지만 도무지 알 수가 없다.

예수 그리스도는 우리의 영혼을 구원하기 위하여 이 세상에 오셨고 십자가에 몸을 매달리셨고, 우리에게 부활의 거룩한 생명을 주셨다. 부활이라는 사실을 역사하신 하나님은 우리에게 새 생명을 주시었고, 성령이 우리 안에 함께하시기 때문에 밖으로 드러나 보이는 나를 그리스도답게 변화시키시는 것이라는 생각을 하게 된다. 이것이 내 안의 또 다른 참 '나'라는 생각을 하게 하는 것이다.

사람의 행동이나 습성이 진정한 우리들의 모습은 아니라는 것이고, 진정한 변화를 경험함으로써 환상과 고통에서 벗어나 깨달음에 도달할 수 있어야 한다는 것이다. 그 깨달음이 우리를 구속하는 생각의 고통에서 해방할 수 있는 유일한 종착점이라는 것이다.

그런데 깨달음이라는 것이 그렇게 쉬운가? 생각이 주는 고통이 얼마나 잔인한가 말이다. 그리고 우리는 살면서 얼마나 많은 선택을 하게 되는가? 그럴 때마다 '자신의 마음속에 숨어 있는 무의식 속의 다른 모습의 자신을 발견하게 되지 않던가?' 말이다. 그 선택이 고심 끝에 선택될 때도 있고 부지불식중에 돌발적일 때도 있다. 어떠한 형태의 선택이든 그 선택에 만족해할 때도 있지만, 후회되며 그러한 선택을 한 자기 자신이 못마땅할 때도 많은 것이다. 그 못마땅한 선택을 한 나는 누구이고, 그 잘못된 선택을 보며 내 안에서 질책하고 있는 나는 누구인가?

　이렇듯 나는 나 자신이 하나가 아니고 둘이라는 생각을 하게 되는 것이다. 못마땅한 나는 분명 현실 속에서 삶을 살고 있는 욕망으로 가득한 나 자신일 것이고, 그것을 질책하고 후회하는 나는 또 다른 참 '나'일 것이다. 잘못된 선택을 후회의 갈등으로 자신을 괴롭히고 있는 것이다. 자존감이 낮고 대인관계가 서투른 나는 소극적이어서 내 안에 있는 다양한 생각이 삶에서 어떤 역할을 하고 있는지, 나 자신을 이해하는데 도움이 된다는 생각은 들지 않는 것이 안타까울 뿐이다. 주님 항상 함께하여 주시옵소서. 함께하시는 범사에 감사합니다.

06
살아온 세월은 아름답다

> 요삼1:2 사랑하는 자여, 네 영혼이 잘됨같이 네가 범사에 잘되고 강건하기를 내가 간구하노라.

우리는 기억에서 아련할수록 그 시절의 추억들이 그리워진다. 그 시절이 결코 풍요했던 것도 아니고 행복했던 것도 아니었는데, 아름답다고 느껴지고 그리워지는 것은 왜일까? 이제는 감히 돌아갈 수 없는 지나간 세월이기에 그 시절이 더 그리워지는지도 모른다. 옛날이 그리운 것은 그것이 추억이기 때문일 것이다.

나의 어린 시절은 무척이나 가난했었다. 6.25 전쟁 피난민 가정이었다. 부모님은 어떻게 해서라도 정착하시려고 많은 고생을 하시었다. 그러한 그 시절이 그리워지는 이유는 무엇일까? 늦가을 낙엽이

지고 한 해가 가고 찬 바람이 불면 더더욱 그 시절이 그리워진다. 얼음 지치고, 구슬치기를 하고, 딱지도 치고, 집집마다 굴뚝에서 밥 짓는 연기가 나고, 또래들과 늦도록 놀고 있으면 "저녁 먹어라"라는 엄마들의 부르는 소리가 담 너머로 들리고, 아이들은 하나둘 사라진다. 골목은 그제야 덩그러니 비게 된다. 그러나 그때는 가슴 벅찬 희망이 있었다. 이웃과의 풋풋한 정도 있었다. 맘껏 이야기를 나눌 친구도 있었다. 각박한 도시의 경쟁에서 좋은 삶의 만남을 만들어가기 위하여 얼마나 소리 없이 살아왔는가?

잠시 멈추고 지나온 세월을 뒤돌아본다. 붙잡고 싶은 순간도 아쉬움도 미련도 그리움으로 붙잡아본다. 세월이 무심코 나를 어디론가 몰고 가고 있지만 그래도 그리움이라는 추억만은 만들어놓지 않았는가? 그리움이 있다는 것은 참 감사한 일 아닌가? 내 인생이 그리움으로 가득 채워지는 것에 감사하자.

누구나 공유하고 있는 추억이지만 여름방학이면 방학 숙제가 주어진다. 그 옛날에는 요즘같이 부모들과 여행을 간다든가, 농촌 체험을 떠난다든가 하는 일은 없던 시절이었다. 마냥 또래들과 좁은 골목에서 노는 것이 전부인 시절이 아니었던가? 초여름 감자를 캘 즈음이면 또래들은 감자 서리[5]를 하기도 하였다. 감자 서리를 할 때면 어

---

5) 서리 : 떼를 지어서 주인 몰래 남의 과일, 곡식, 가축 따위를 훔쳐 먹는 장난

린 또래들은 역할 분담을 한다. 돌로 아궁이를 만드는 친구, 주로 아궁이를 담당하는 친구의 주도로 진행되어 진다. 남의 밭에 심겨 있는 감자를 준비하는 친구, 땔감을 준비하는 친구, 자갈을 모으는 친구가 있다. 아궁이는 강가 모래밭에 만들어진다. 모든 것이 준비가 되면 아궁이 위에 자갈을 쌓아 올리고 불을 땐다. 자갈이 발갛게 달구어지도록 불을 땐다. 자갈이 뜨겁게 달구어 지면 아궁이를 허물고 위의 자갈을 옴폭 파지게 하여 그 가운데에 감자를 올린다. 그 위를 모래로 덮고 꼬챙이로 그 모래를 위에서 아래로 구멍을 뚫는다. 거기에 물을 부으면 달구어진 자갈에 물이 닿아 스팀이 생기면서 감자를 익게 한다. 구멍을 모래로 막아 놓고는 물놀이 한참 뒤에 감자를 개방하는 것이다. 어린 또래들이 이런 방식으로 감자 서리를 하였다는 것이 놀랍다. 얼마나 과학적이었나를 생각하면 감탄을 하게 된다.

 당신은 얼음배를 아는가? 겨울이 거의 끝날 즈음에는 얕은 강을 덮어 얼었던 얼음이 조금씩 녹는다. 그럴 때면 또래들은 강가에 모여서 얼음을 네모나게 깨고, 그 위에 1, 2명이 뗏목을 타듯이 긴 대나무 막대기로 바닥을 밀어서 떠내려간다. 지금 생각하면 감히 상상도 할 수 없는, 위험하고 끔찍한 놀이를 또래들은 그렇게 했던 것이다. 이렇게 놀다 보면 물에 빠지지 않는 녀석이 없는 것이다. 얼음이 두 동강으로 깨어져 물에 빠질 때면 꾸지람 들을 것이 못내 걱정되었다. 그래서 강가에 불을 피워놓고 젖은 옷이 마를 때까지 모두가 하루 종일 집에 들어가지도 못하고 추위에 떨며 쫄쫄 굶어야 하였다.

　이런 추억들이 아름답게 생각되는 것은 왜일까? 아마도 그 시절과 함께하였고 그 시절이 이제 다시는 돌아올 수 없는, 내가 살아온 세월의 공간이었기 때문일 것이다. 그리고 그때 그 시절로 절대 돌아갈 수 없음을 알기 때문일 것이다. 내 능력으로는 어쩔 수 없는 일이기 때문일 것이다. 누구나 인생은 만만치 않은 것이다. 고난과 역경을 극복하면서 살아가는 삶이 먼 훗날 추억으로 승화되어, 우리들의 영혼이 추억 여행을 떠나는 것만으로도 인생은 아름다운 것이다.

07
호 접 지 몽
胡蝶之夢

> **사41:10** 두려워하지 말라. 내가 너와 함께함이라. 놀라지 말라. 나는 네 하나님이 됨이라. 내가 너를 굳세게 하리라. 참으로 너를 도와주리라. 참으로 나의 의로운 손으로 너를 붙들리라.

장자의 도가사상[6]을 읽었다. 도의 관점에서는 존재의 본질은 만물이 모두 같다 하였다. '眞理는 만물을 자연의 이치에 맞게 바로 잡으려고 하는 것이다. 세상은 眞理가 다스려 주기를 바라고 있는 불멸의 존재로, 만능의 眞理는 무엇 때문에 세상의 일로 자신의 마음과 몸을 피곤하게 하겠는가?'라고 하였다. 그리고 모든 존재의 쓸모도 하늘이 정한다 하였다. '자신을 비우고 나와 생각이 다른 사람도 있는 그

---

6) 도가사상 : 중국 고대의 철학적 전통으로 자연의 원리와 조화를 중시하는 철학 체계. 노자와 장자의 허무, 염담, 무위 등이 옳다고 여기는 도교 교리. 철학사상

대로 인정하라'고도 하였다. 자신의 의견을 주장하지 말고 다른 사람의 생각을 그냥 따라서 상대의 의견을 동의해 주는 것만으로도 세상을 잘 지낼 수 있다는 것이다. 그리고 자기의 생각은 주장하지 말라는 것이다. 그리고 우리 인간은 사람답게 살 권리와 존엄성을 하늘로부터 부여받았다고 하였다. 그러므로 이를 인정하고 실천해야만 비로소 하늘이 내려 준 道에 충실한 삶을 살게 된다는 것이다. 집착이 없으면 잃을 것도 없다는 것이다. 인간은 어떤 행위를 하던 선악이 존재하게 되기 때문에 그저 자신의 본능에 따라 행동하게 된다는 것이다. 이러한 사상이 근본적으로 윤리적인 바탕에서 생각되고 행해진다면 얼마나 좋겠는가. '윤리적으로 옳지 않은 생각까지도 상대의 생각을 존중하고 따르라'라는 말이라면, 인위적인 간섭을 가하지 않고 그대로 흘러가도록 놓아두어야 한다는 것이 이해하기가 힘들다는 생각이 들기도 하였다.

　세상은 세상대로 윤리적 질서가 있어야 되지 않겠는가. 항상 윤리적 틀 안에 갇혀 삶을 살아온 사람들에게 윤리적이지 못한 다른 사람의 생각을 그냥 따르라는 말은 이해하기가 쉽지 않다. 옳고 그름에 따라 선택적으로 받아들이는 것이 오히려 세상을 혼탁하게 하고, 윤리적 기준을 요구하게 되는 것이라고 생각되는 대목이다.

　이러한 가르침은 우리 인간들이 모두가 ego를 내려놓음으로써 세상은 천국이 된다는 것으로 이해되기도 한다. 자신을 지키기 위해서라도 자신을 비워야 한다는 것이 장자의 가르침이다. 내가 가진 것을 내려놓고 버리는 것은 자신의 의지로 가능할 것이라 생각된다. 그러나 자신과는 아무런 상관없이 지옥 같은 현실에 직면하였을 때 버릴 것이 아무것도 없는 사람은 어떻게 해야 하는가?

서기관과 바리새인들이 간음하다 현장에서 붙잡힌 음행한 여자를 예수 앞에 데려왔다. "모세는 율법에 이 여자를 돌로 치라 명하였거니와 선생은 어떻게 하시겠습니까?"라고 하였을 때 예수님은 그들에게 "너희 중에 죄 없는 자가 먼저 돌로 치라"고 하시었다. 이 말씀이 음행을 저지른 여인에게 죄가 있다는 말씀이겠는가, 아니면 없다는 말씀이겠는가? 윤리적 기준으로 단죄를 하라는 말씀인가 아니면 그럴 필요가 없다는 말씀인가?

하마스가 이스라엘을 먼저 공격함으로써 전쟁이 벌어졌다. 이스라엘은 하마스의 가자지구를 무차별 포격하였다. 가자지구의 팔레스타인 사람들은 전쟁의 소용돌이에서 수천 명의 사상자가 나오는 지옥에 갇혀버렸다. 주민들은 이 지옥 같은 현실에서 벗어나기 위하여 어떤 선택을 해야 하는 것인가? 이러한 현실도 전체 조화의 일부로써 그냥 그대로 받아들여야 하는 것인가? 장자의 가르침을 외면한 무리들이 만들어놓은 지옥의 삶을 살고 있는 이들은 어떤 선택을 해야 하는 것인가? 이러한 현실들을 생각하면 장자는 사회질서에 대해서는 너무나 무책임한 철학자라는 생각을 하게 된다.

　장주는 꿈에 나비가 되어 날아다니는 꿈을 꾸었다. 꿈에서 자신이 나비인지 나비가 자신인지 모르는 物我一體[7]의 세계를 넘나든다. 만물은 있는 그대로를 인정하는 자유로운 영혼으로, 이 세상의 질서 같은 것에는 아무런 관심이 없는 듯하다. 장주와 나비는 별개의 사물이지만 物我一體의 절대 경지에서 보면 장주도 나비도 꿈도 현실도 구분이 없다. 만물의 변화만이 있을 뿐으로 도가사상의 무위를 실천함으로 만물의 조화는 절로 이루어진다는 物我一體 사상을 주창한다.

　"당신의 본질은 무엇이고 어느 세상에서 왔습니까?"라고 누가 물으면 무엇이라고 답을 할 것인가? 나는 그저 "모르겠습니다"라고 답을 할 것이다. "이 세상을 떠나게 되면 어디로 가게 됩니까?"라고 물을 때도 나는 "모르겠습니다"라고 할 것이다. 그냥 모르니까 말이다. 이 세상이 아닌 다른 세상이 존재하는지도 모른다고 덧붙일 것이다. 세상에 어떤 인연으로 태어났든 간에 "어떻게 사는 것이 보람되게 사는 인생입니까?"라고 물을 때도 나는 그저 "잘 모르겠습니다", "그냥 소신대로 사세요"라는 정도의 답은 할 것 같다. 살면서 부자가 되고 높은 관직에 오르고 저명인사가 되는 것이 인간의 욕망이자 성공

---

7) 物我一體 : 모든 사물은 서로 연관되어 있다며 우리 주변의 세계, 자연과 인간, 모든 存在體 사이의 상호 의존성을 강조하고 있다. 모든 사물은 하나의 큰 시스템의 일부라는 것이다.

하는 것이라면, 달란트가 부족한 보통 사람은 큰일을 할 그릇이 되지 못하는 극히 평범한 사람이라 생각된다. 그렇기에 '최소한의 윤리적 기준의 죄는 짓지 말고 살도록 노력해야지'라고 생각할 뿐이다. 세상은 참 아름다운 곳이기도 하지만 불합리하고 우스꽝스러운 곳이기도 하다.

_{석자장주 위호접 허허연호접야}
昔者莊周 爲胡蝶, 栩栩然胡蝶也
어느 날 장주는 꿈에서 나비가 되었는데 훨훨 자유롭게 날아다니는 나비였다.

_{자유적지여 부지주야}
自喩適志與, 不知周也
스스로 나비임이 즐거워 만족하며, 자신이 장주임을 알지 못하였다.

_{아연각 즉거거연주야}
俄然覺, 則遽遽然周也
문득 잠에서 깨니 틀림없이 장주 자신이었다.

_{부지주지몽위호접여 호접지몽위주여}
不知周之夢爲胡蝶與, 胡蝶之夢爲周與
장주가 꿈에서 나비가 되었는지, 나비가 꿈에서 장주가 되었는지 알 수가 없었다.

_{주여호접 즉필유분의 차지위물화}
周與胡蝶, 則必有分矣, 此之謂物化
장주와 나비는 분명 구별될 터인데 이러한 일을 물화라 한다.

08
잘 지내시죠?

> **요일4:11** 사랑하는 자들아, '하나님이 이같이 우리를 사랑하셨은즉 우리도 서로 사랑하는 것이 마땅하도다.

우리가 가까운 사람에게 오랜만에 전화나 문자를 할 때면 "잘 지내시죠?"라고 인사를 건네게 된다. 어떻게 지내는지 궁금하기도 하겠지만 습관적으로 그렇게 안부를 묻게 된다. 아마도 하는 일은 잘되는지, 아픈데 없이 건강은 괜찮은지, 일상이 평안한지 등 이런저런 염려로 물어보는 절차상의 인사를 하는 것이라고 생각한다. 보통의 사람들은 의례적으로 "예 별일 없습니다", "당신은 어떠세요?"라고 답할 것이다. 일상을 살면서 잘 지낸다는 것은 하는 일이 잘되어 경제적으로는 어려움 없이, 육체적 그리고 정신적으로 평안할 때일 것이다.

나는 요즈음 이런 질문을 받을 때 몹시 불편함을 느낀다. 무엇을 도둑맞은 것 같고 '내가 하고자 하는 것이 무엇이고, 바라는 것이 무엇인가'를 도무지 알 수가 없으니 말이다. 평생을 몸담아온 건축기계설비설계 인생인데 스스로 나 자신을 지키지 못한 것은 없는지에 대한 바보스러움에 불편함이 큰 것이다. 이렇듯 과거에 매달려 앞으로 조금도 나아가지 못하고 있다. 또 다른 하고 싶은 일, 이루고 싶은 일이 있는 것 같은데 성격 탓인지 나이 탓인지 좀처럼 결단을 내리지 못하고 있다. 이것저것 생각만 많을 뿐 무엇 하나 딱 '이거다'라고 定하지를 못하고 있다. 취미생활을 하고 싶어도 여건이 잘 맞지 않는다는 핑계가 앞서 수 없는 망설임뿐이다.

세월에서 밀린 지도 벌써 3년이 되어 간다. 올 한해도 11월로, 1개월 남짓 남았다. 찬바람이 제법 차갑게 스치고 회화나무 단풍이 가을바람에 우수수 떨어지고 낙엽은 여기저기 바람에 밀려 도로 위를 구른다. 사람들은 한해가 다 지날 무렵이면 그동안 미처 연락 못 했던 가까운 사람들에게 안부를 묻게 된다. 이럴 때 보고 싶으면 언제든지 만날 수 있고 힘들 때 서로 의논할 사람이 있다면, 그런 사람은 정말 행복한 사람일 것이다. 세상은 아무도 나를 염려치 않는다. 지금은 주님께 매달리며 평안을 허락해 달라고 내가 할 일을 인도해 달라고 기도를 할 뿐이다. 신앙생활을 하는 사람들이라면 그들은 주님과 함께하는 삶이 가장 잘 지내는 삶이기에, 모든 것에 감사하며 "예, 잘 지냅니다"라 할 것이기 때문이다.

'만물이 주에게서 나오고 주로 말미암고 주에게로 돌아감이라. 그에게 영광이 세세에 있을지어다 아멘'롬11:36 이 말씀을 되새겨 본다. 어떻게 사는 것이 잘 지내는 것이냐는 질문이 많은 생각을 하게 한다. 만물이 주께서 나오고 주로 말미암는다 하였다. 세월이 흐르면 반드시 죽을 수밖에 없는 인생이다. 그렇기에 영적 세계라는 함수를 곁들여 생각하면 감히 잘 지내는 삶은 '이거다'라고 이야기하기가 쉽지 않다. '어쩌면 지금 처한 상황이 진리의 섭리일 것이다'라고 그렇게 스스로를 위로해 본다.

'세상을 살아가는데 가장 중요한 일이 무엇인가?'라는 질문에 노자는 자신에게 보물이 셋이 있는데 하나는 사랑(慈愛)이고, 둘은 儉素요, 셋은 사람들 앞에 우쭐대며 나서지 않는 謙遜이라 하였다. 이는 삶의 모든 행위는 사랑(慈愛)이어야 함을 알게 하는 말이다. 보통의 사람들이 하는 일이 잘됨과 건강, 평안을 생각하는 것과는 달리 사랑(慈愛)이 깔려 있는 일상이 잘 지내는 삶임을 알게 해주는 대목이라는 생각이 들게 한다. 노자의 가르침에 세상적인 근심과 걱정거리는 한마디의 언급도 없다. 오로지 道와 사랑(慈愛)을 이야기할 뿐이다. 예수님 또한 사랑의 실체이지 않은가? 오래 참고, 우유하고, 시기하지 않고, 자랑하지 않고, 교만하지 않고, 무례하지 않고, 자기 유익을 구하지 않고, 성내지 않고, 악한 것을 생각하지 않고, 불의를 기뻐하지 않고, 진리와 함께 기뻐하고, 모든 것을 참으며 견딘다 하였다.

 이제는 머리가 희끗희끗하게 칠십 중반이 되고 보니 동창들이나 직장 동료, 동기들의 모임도 소원해지고 주변에 사람들의 숫자가 줄어 안타깝다. 일상에서 겪게 되는 고충에 대하여 조언을 얻을 수 있는 친구가 없다는 것 또한 서글픈 일이다. 그래도 眞理이신 주께서 젊은 시절 같은 부서에서 일했던 동료 친구와 취미가 같아 가끔 바둑을 같이 두게 하여 주심이 감사할 뿐이다. 이런 친구를 옆에 있게 해 주심이 참 감사합니다.
 대화 중에 어느 선배 한 분이 이제는 힘들어 가까운 노인정에도 다니지 못할 정도로 몸이 부실해지셨다는 소식이다. "당신은 잘 지내십니까?" 마음의 평안은 자기 스스로 마음먹기에 따른 것이라 생각되는데, 이제 노년들의 잘 지냄은 물질적 안녕 보다 영혼의 안녕이 더 고귀함을 알아야 하는 나이가 아닌가? 굳이 신앙인이 아니더라도 누구나 심신이 피곤할 때면 자신의 내면에 있는 神적인 존재에 건강과 평안을 기도하게 될 것이다. 지난 세월 오로지 건축기계설비설계 분야를 삶의 소명으로 알고 살아온 나는 이제 설계에서 손을 놓아 다시는 되돌아갈 수 없는 세월이 되어버렸다. 평생 해온 일을 그만둔다는 것이 지금은 힘들고 서운함이 있지만, 이 힘들고 서운함을 사랑으로 극복하라고 眞理(진리)이신 하나님께서 내게 응답해 주시었다. 주님, 감사합니다.

09
마음의 여백에
무어든 채워본다

> **호13:3** 이러므로 그들은 아침 구름 같으며 쉬 사라지는 이슬 같으며 타작마당에서 광풍에 날리는 쭉정이 같으며 굴뚝에서 나가는 연기 같으리라.

　무엇이 그리도 바빴는지 허겁지겁 앞만 보며 살아왔다. 그렇게 열심히 살아온 삶인데 어느 날 갑자기 내가 지금까지 살아오면서 짊어졌던 사업체와 직분이 사라졌다. 그렇게 휑하니 허공에 내동댕이쳐진 느낌에 오히려 마음에 커다란 여백이 만들어졌다. 한순간 공허함이 온몸을 덮어 버렸다. 그래도 이제는 삶의 터전을 손에서 놓아 버려 일의 굴레에서 벗어나 '오히려 좋다'라고 스스로 위로해 보지만 허전함은 말로 설명이 되지 않는다. 가끔은 '들여다보는 사람 하나 없는 사무실을 내가 왜 이렇게 지키고 있나?' 하는 생각이 나를 무겁게 짓누르기도 한다. 곁을 지키던 직원들 모두가 떠나버리고, 점심 식사를 함께 해주는 딱 한 사람만 남아있어 그것이 참 감사할 뿐이다. 모처럼 누군가의 방문이 있을 때면 그 사람이 그저 그렇게 고마울 수가 없다. 삶의 터전으로부터의 단절이 주는 충격 때문일까? 어지러움이 지속되고 건강이 나빠졌다. 이 상황을 누가 알기나 할까? 이 모두가 나 자신의 몫일 뿐이다. 비울 줄도 낮출 줄도 알아야 하건만 자꾸만 욕심이 앞섬은 비우지 못한 삶의 찌꺼기가 많아서일 것이다. 세월이 가르쳐준 경험으로 터득한 지혜가 이 정도는 극복할 줄 아는 나이일 터인데도 말이다. 지금이라도 내려놓고 비우자. 살아온 세월에 감사하자.

'오늘은 무엇을 할까?'하고 고민을 한다. 얼마나 세상을 잘못 살아왔기에 무엇을 할까라고 고민을 해야 하나? 스스로에게 혹독한 매를 들어본다. 칠십이 훨씬 넘는 나이에 언제 읽었는지 기억도 없는 니체의 『짜라투스트라는 이렇게 말했다』를 펼쳐 보면서, 니체의 정체성을 요약해 본 오늘이 무척이나 보람된 하루를 보낸 느낌이다.

'은퇴가 선물한 세월의 공백을 무엇으로 채워야 하나?'라는 생각으로 머릿속이 복잡하다. 오랜 시간이 지나고 나서야 이참에 이 여백에 커다란 그림을 그려 평안을 만들어 가야겠다는 생각이 들었다. 내가 만들어 가는 여백에는 백지에 아무것도 그려짐이 없는 하얀 공간이 아니다. 윤리적 가치관 때문에 스스로 힘들어했던 현실에서 삶의 꿈을 이루고자 발버둥 쳐온 지난 세월의 고단함을 치유하고, 평안을 유지할 수 있도록 하는 것. 나이 들어도 할 수 있는 부담이 없는 꿈으로, 은퇴자에 어울리는 꿈을 만들어 평안으로 가득한 마음의 여백을 채우고 싶다는 생각을 해 본다.

그 꿈은 품위 있고 고상하게 나이 드는 일이라 여기면서 하나님의 성품을 닮아가도록 노력하는 척이라도 해 본다. 나이 들어 추함에서 벗어나지 못하면 과거의 삶 또한 의심스럽지 않겠는가? 무엇이든 노력을 해 보아야겠다. 등산을 하거나 산책을 하는 것도 좋을 것이다. 강이나 저수지에서 낚시를 하는 것도 좋을 것이다. 독서나 여행, 바둑, 서예, 미술, 악기 배우기 등 여러 가지를 고민해 본다. 칠십 훨씬 넘은 나이에 할 수 있는 것이 무엇이 있을까? 생각해 본다. '배움에는 왕도가 없다'라고 하지 않았는가?

묵향의 세계에서 붓을 잡아 보기로 마음을 먹었다. 아무래도 마음을 차분히 가라앉히고 정서에 도움이 되지 않을까 하는 생각 때문이다. 세상을 살면서 어지간히도 삶의 무게에 시달렸나 보다. 모든 것들을 털어 버리고 아무런 생각 없이 마음이 가는 데로 정진을 해보기로 하였다. 젊은 한때 명성을 누려온 사람도 악명으로 세상을 놀라게 한 사람도 세월 앞에 무기력해지는 것이 인생 아닌가? 누구에게나 소중한 사람이 되기를 소망하고 나의 아픔보다 상대의 아픔을 생각할 줄 아는 그런 마음으로 만들어 가고 싶다는 생각을 해 본다. 이는 아마 내가 그렇게 살지를 못해 왔기 때문일 것이다.

그리고 지금은 다른 세상을 경험하고 싶다는 생각을 해 본다. 은퇴 후의 삶이 은퇴 전의 삶보다 지혜로운 삶이 되게 노력하자. 상대의 말을 귀담아듣고 칭찬으로 화답하자. 먼저 사양하고 배려토록 노력하자. 글을 쓰는 것은 어떨까? 여유가 있어 여행을 하는 사람은 참 좋겠다는 생각도 해 본다.

처음 서예교실에 들어서는 순간이 놀라움으로 다가왔다. 주위를 둘러보니 구십이 되어 보이는 할머니가 계셨다. 그리고 팔십이 훨씬 넘어 보이는 할머니 할아버지도 두어 분이 계셨다. 회장인 듯한 같은 연배의 분이 낯선 사람의 방문에 자리를 일러 주었고, 이미 자리하고 있는 수강생들은 지필묵을 준비하여 열심히 묵향을 갈고 있었다. 수강생이 20명 정원인데 칠판에는 號(호)인 듯한 필명이 순서대로 쓰여 있었고 본명이 쓰여 있는 수강생은 서너 명 정도였다. 곧 알게 된 것이지만 입실하는 순서대로 자신의 이름을 기록하는 것이었고, 그 순서대로 서예 선생님께서 한분 한분 지도를 하는 것이었다. 대다수의 수강생들이 서예 작가나 다름없는 분들이라는 느낌을 받았다.

첫날 신입은 나 이외에도 또 다른 사람이 있었다. 그분은 다른 서예 학원에서 온 분이라 하였다. 나는 처음 접하는 초심자라고 소개되었다. 어느 누구도 자신의 실력을 뽐내는 듯한 사람은 없었다. 그렇게 느낌을 받았다. 지도 선생님은 "천천히 하면 세월의 누적과 함께 좋은 작품을 쓸 수 있습니다"라고 덕담을 주시었다. 지금까지 살아온 삶의 터전에서 소외되어 텅 비어버린 마음의 여백을 묵향으로 채우려는 첫걸음으로 스스로에게 격려해 본다. 공허한 마음을 이제는 서예로 채워보자. 주님, 감사합니다.

10
보여지는 것이 다가 아니야

 이제 내가 사람들에게 좋게 하랴 하나님께 좋게 하랴 사람들에게 기쁨을 구하랴 내가 지금까지 사람들의 기쁨을 구하였다면 그리스도의 종이 아니니라.

당신은 얼마나 호감이 가는 사람입니까?

지금까지 설계사무소를 운영하면서 크고 작은 어려움을 겪을 때도 많았지만, 큰 굴곡 없이 그런대로 견뎌온 것이 참 감사할 뿐이다. 은퇴를 한 후에도 가끔 사무실에 나가 앉아 있을 수 있는 나의 공간이 있다는 것 또한 참으로 감사하다. 사무실까지는 교통이 밀릴 때는 승용차로 한 시간 반 정도의 출근길이다. 라디오를 켰다. 어느 대학의 심리학 교수가 호감에 대하여 대담을 하고 있었다. 누구나 "첫인상이 참 좋습니다"라는 말을 듣는다면 얼마나 기분이 좋은 일인가? 호감이라는 것이 훈련을 하면 좋아지는 걸까? 본성이 그렇지 못한 사람이 훈련을 하면 좋아질 수 있나? 호감이라는 말을 듣는 순간 귀를 기울였다. 왜냐하면 나 자신이 일거리 수주를 위하여 많은 사람들을 만나야 했고, 만나고 교제를 하는 사람들에게 좋은 인상으로 다가가기 위하여 마음을 써 왔기 때문이었다. 내게는 참 귀가 솔깃한 주제였다.

나는 출근을 하는 운전 중에 습관적으로 이렇게 기도를 하곤 한다.

"하나님 아버지 오늘 하루 내게 친화력으로 세상에 다가갈 수 있게 하여 주시옵소서, 그런 용기를 허락하여 주시옵소서."

"오늘 만나는 사람마다 다가가 친구가 되게 하여 주시옵소서."

이렇게 기도를 하는 것은 나 자신이 어릴 때부터 숫기가 없었고 부끄럼을 많이 타는 편이었기 때문이다. 그리고 남에게 잘 다가가지를 못하는 성격이어서 친화력이 좋고 호감이 가는 사람이 부럽기도 했기 때문이었다.

얼마 전 80년대에 농촌 드라마를 함께 했던 배우들이 세월이 흘러 지난날을 이야기하며 회상하는 TV프로를 보게 되었다. 이제는 원로가 되어 젊은 시절에 함께하였던 동료 배우들과 그리웠던 사람들을 게스트로 초청하고 추억하는 프로이다. 모두 머리가 희끗희끗하여 세월의 흐름을 실감케 한다. 팔순을 넘긴 원로 여배우에게 젊은 후배

탤런트가 "선생님은 배역에서 항상 못된 어머니 시어머니 등의 배역을 많이 하셔서 그런지 보여지는 인상이 차가워 보여요"라고 농담처럼 건네는 말에 "그런 소리 하지 말어. 보기에 차가워 보일지 모르겠지만 실제는 그렇지 않아"라며 순간 서운한 기색이 언뜻 비춰졌다.

"겉으로 보여지는 것이 다가 아니야."

"다가가기가 쉽지 않고 다가오기가 쉽지 않은 사람도 사귐에 시간이 걸려서 그렇지 따뜻하고 정이 넘치는 사람이 많은 거야."

"나는 그런 사람이 아니야."

실제로 보여지는 첫인상이 자신의 본 모습과는 많이 다름을 역설하였다. 이러한 대화는 나 자신이 일상에서 가끔 들어왔던 말이기도 하였다. 호감이 가는 사람을 보게 되면 참 부럽다. 나는 왜 그렇지 못할까? 낯가림이 심하고 사귀는데도 오랜 시간이 걸린다. 많은 시간이 흘러야 비로소 스스럼없이 대화를 하는 사이가 되니 말이다.

외모가 잘생기지도 않고 평범하게 보이는 데도 처음 접했을 때 순간적으로 받는 느낌이 좋은 이미지로 다가오는 사람이 있다. 어딘가 모르게 여유 있어 보이고 상대에게 아무런 부담을 주지 않는다. 어떠한 상황에서도 여유를 잃지 않고 주어진 상황을 능동적으로 잘 대처하는 사람도 있고, 무슨 일이든 앞장서서 헌신적으로 일을 처리하는 사람들도 있다. 이러한 사람들은 주변으로부터 호감을 얻기에 충분한 사람들이다. 나와는 아무런 연고도 인연두 없는 사람인데 괜히 끌리는 사람도 있다. 아마도 그 사람에게서 어딘가 모르게 존경과 감사와 편안함의 매력이 엿보였기 때문일 것이다. 호감을 얻기 위한 가식적인 행동은 오히려 비호감으로 보여질 뿐이다. 호감이란 진심이 보여야 하는 것이다.

 나는 대화 중 상대방의 '말투'에서 불쾌감을 가장 많이 느꼈던 것 같다. 특히나 성의 없는 무례한 말투에서, 자신을 은연중에 과시하는 태도에서 그 사람의 인품이 비호감으로 느껴질 때가 많았다. 살면서 만나는 사람 중에는 어떤 사람은 호감이 가고 어떤 사람은 괜히 비호감인 사람이 있는 것이다. 누구나 이왕이면 호감이 가는 사람으로 비추어지기를 바랄 것이다.
 추진하던 일이 잘못 삐끗해 버렸을 때는 친화력 부족으로 일이 잘 풀리지 않았다고 생각될 때도 있었을 것이다. 호감이란 좋게 여겨지는 감정인데 이왕이면 다른 사람에게 좋은 감정으로 다가갈 수 있는 것이 좋은 것 아닌가? 다른 사람에게 비추어지는 모습이 성격 때문이라고 단정 짓지 않기를 바란다. 다양한 성격에도 그 성격에서 풍기는 독특한 향기가 있으니까 말이다. 어떠한 성격의 소유자라 하더라도 그 사람의 됨됨이가 호감과 비호감의 線(선)을 긋는 것이라고 생각한다.
 '상대에게 전해지는 좋은 감정은 타고난 성품 때문이다'라고만 생각하고 싶지는 않다. '어떤 성품의 사람도, 소심하고 적극적이지 못하다 할지라도 교양으로 자신의 독특한 향기를 낼 수 있다'라고 생각되어지는 것이다. 자신은 호감이 없는 사람이라고 무심하게 생각하지 말자. 사람들은 호감, 비호감을 생각하며 살아가지 않는다. 생각할 필요도 없다. 호감은 그 사람의 인품과 헌신과 소양에서 다양한 환경에서 나올 수 있는 것이기 때문이다. 누군가 "첫인상이 차가워 보이십니다"라고 말을 걸어올 때 "그런 말씀 하지 마세요", "실제로는 그렇지 않습니다", "보여지는 인상이 전부가 아닙니다"라고 말하자. 그러한 인품을 만들어 가자.

11
좁은 문

 좁은 문으로 들어가라. 멸망으로 인도하는 문은 크고 그 길이 넓어 그리로 들어가는 자가 많고, 생명으로 인도하는 문은 좁고 길이 협착하여 찾는 자가 적음이라.

서재를 정리하는데 앙드레 지드의 『좁은 문』이 눈에 들어왔다. 신앙을 갖기 오래전에 읽은 것 같은데 언제쯤이었는지 기억이 없다. 사촌 간의 사랑에 대한 번민 정도로만 기억되어 있어 다시 읽고 싶어졌다. 좁은 문은 종교적 이상과 현실적 욕망 사이에서 오는 고민으로 갈등하는 제롬과 그 사촌 알리사의 사랑 이야기이다. 알리사는 제롬의 사촌 누나이고 연상이다. 그러나 신앙심이 깊은 알리사는 사촌 동생 제롬과의 사랑보다 신앙을 선택하였고 결국에는 죽음에 이른다.

영생으로 가는 문은 이러한 순교자적인 삶을 요구하는 것인가?

  윤리적 일상을 소중한 가치로 살아온 나는 늦은 나이에 예수님을 받아들였다. 하나님의 말씀을 몇 번이고 통독을 하며 말씀대로 살기를 노력해 보지만 뜻대로 되지 않고 믿음이 약한 것도 사실이다. 종교인으로서 어떠한 삶을 어떻게 살아야 하는 것인지 믿음이 쉽게 생활에 녹아들지 못하고 있는 현실이 죄스러울 뿐이다. 예수님께서는 '나는 부활이요 생명이니 나를 믿는 자는 죽어도 살겠고(요11:25), 좁은 문으로 들어가라 멸망으로 인도하는 문은 크고 그 길이 넓어 그리로 들어가는 자가 많고 생명으로 인도하는 문은 좁고 길이 협착하여 찾는 자가 적음이라' 마7:13-14 라고 가르침을 주고 있다. '나를 믿는 자는 죽어도 산다'는 이 말씀대로라면 믿음만으로도 좁은 문으로 들어갈 수 있다는 것 아닌가? '생명으로 인도하는 문은 좁고 길이 협착하다'라고 한 말씀은 믿음의 정도에 따라 좁은 문으로 들어가고 못 가는 것이라고 생각되는 대목이다. 그런데 알리사는 왜 세상의 행복을 거부한 것일까?

  여호와 하나님은 우리들에게 마음이 부패하지 않고 어떠한 죄악과 타협도 없는 삶을 바랄 것이다. 그리고 의와 정의와 진리의 길로, 또 희생과 봉사의 길로 인도되기를 바랄 것이다. 이러한 길은 고난과 시련도 있다는 것이다. 그러나 세상의 행복까지 거부하라는 것은 아닐 것이라고 생각해 본다.

욕심이 넘쳐나는 부도덕한 세상이다. 온갖 소유가 곧 자신의 신분으로 보여지며 우쭐대는 세상이다. 주변에 대한 배려는 생각할 겨를도 없다. 먹고사는 문제로 오직 자기 자신의 이익만을 위하여 목숨 걸고 살아야 하는 세상이 되어버렸다. '세상의 ego에서 벗어나기 위해서는 자신의 현재 모습을 보라'라고 한 어느 기고문을 읽었던 기억이 생각난다. 알리사는 세상적인 ego에서 벗어나 자신의 내면을 다스림으로써 제롬을 향한 혼탁한 감정에서 벗어나려 한 것 같다. 번민으로부터 벗어나는 것만이 하나님의 영이 깃든 본래의 자신으로 돌아가는 길이라고 깨달은 것일까? 아니면 세상적 행복은 좁은 문에 이르는 것에 방해가 될 뿐이라고 생각한 것일까?

예정설의 칼뱅주의는 '구원은 이미 정해져 있다' 하였다. 반면에 현대 개척교회의 토대가 되는 알마니안주의는 '누구나 노력하면 구원을 받을 수 있다' 하였다. 알리사는 신앙심에서 오는 안정과 노력만으로는 구원을 받을 수 없다고 생각한 것일까?

여호와 하나님은 이스라엘 민족을 애굽 땅, 종 되었던 집에서 인도하여 내시면서 우리들이 세상에 살면서 지켜야 할 율법인 십계명을 주시었다. 그리고 우리들에게 십계명을 지키는 도리 안에서 이 세상을 살라 하였다. 알리사는 십계명을 지키는 것만으로는 도덕적 갈등을 해소할 수 없었던 것이었을까? 제롬에 대한 사랑의 감정이 윤리적 신념과 충돌함은 어느 계명에 마음이 걸리는 것이었을까? 사촌

간의 사랑이 왜 하나님에 대한 적이 되어야 하는지? 사회적, 윤리적 통념 사이의 갈등에서 벗어나지를 못하는 모습을 보게 된다. 제롬을 향한 사랑의 감정을 멀리하고 신을 향한 헌신을 선택하였지만 결국은 병들어 죽어가면서, 성스러운 길로 가는 길은 고독과 외로움을 견뎌내야 하는 길이 되었다. 알리사의 결정은 제롬에게 깊은 상처를 남겼고 사랑과 욕망이라는 감정이 개인의 윤리적 도덕적 가치와 부딪치는 현실의 갈등만을 보여주었다. 우리에게 생명을 주신 하나님을 믿고 따르는 것이 세상에서 참 생명을 유지하는 길이고 영원한 생명으로 갈 수 있는 유일한 길이라 생각하였어도 쓸쓸한 죽음을 선택했을까? 하나님을 따를 수밖에 없는 길을 선택하도록 여호와 하나님이 인도하신 것이었을까?

12
추억의 돌담길

> **딤전4:4** 하나님께서 지으신 모든 것이 선하매 감사함으로 받으면 버릴 것이 없나니.

하루가 다르게 무섭도록 변해가는 세상이다. 4차 산업시대에 모든 분야에서 IT기술이 접목되고 나이 많은 아날로그 세대는 자신을 지켜가기도 힘든 세상이 되어버렸다. 언젠가 시골 여행을 하면서 돌담길로 이어진 옛 모습 그대로의 마을을 만나게 되었다. 돌담으로 이어지는 골목길이 그렇게 정겨울 수가 없었다. 세월의 흔적이 묻어 있는 것이 더더욱 오랜 추억과 그리움으로 다가왔다. 마을 돌담길을 따라 이리저리 돌다 보면 이웃집들로 이어지고, 자연스럽게 누구네 마당으로 들어서게 되는 모두가 한 가족 공동체가 되는 마을이었다. 해가 기울어 때가 되면 아궁이 굴뚝에서 밥 짓는 연기가 일제히 피어오르고 "누구야! 밥 먹어라" 부르는 소리까지도 들을 수 있는 마을이었다. 담 넘어 또래들이 뛰어노는 소리, 술래잡기하는 소리가 들리면 그것이 못내 궁금하여 돌담 골목길로 뛰쳐나가곤 하였던, 어린 시절 뛰놀던 추억의 돌담길을 닮아서 좋았다. 누가 먼저라 할 것도 없다. "누구야 놀자"라고 하면 고만고만한 녀석들이 모여든다. 그중에 조금은 큰 아이들은 졸졸 따라다니는 동생이 귀찮기도 한 모습도 있다. 이러한 정겨운 마을을 여행 중에 만날 수 있어 참 좋았다.

 골동품 같은 이 민속 마을도 이제는 집집마다 승용차가 마당에 들어서 있고 관광지가 되어 마을 공동체의 수익으로 이어지고 있었다. 어떤 집 마당은 찰떡을 메치는 체험장으로, 어떤 집 마당은 한과를 만드는 체험장으로, 어떤 집 마당은 엿을 만드는 체험장이 되었다. 유치원, 초등학교 저학년들이 인솔 선생님의 뒤를 따라다니며 제법 의젓한 모습으로 옛 체험을 하고 있었다. 녀석들의 재잘재잘하는 소리는 전쟁 직후 우리들의 시절과는 다른 모습으로 세월의 변화를 보여주고 있다.

 그래도 담벼락에는 찔레 넝쿨이 돌담을 휘어 덮고 있었고, 마당에는 수국나무, 매실나무, 살구나무도 볼 수 있어서 추억으로 빠져들기 충분하였나. 담 아래 하단부에는 작은 구멍이 뚫어져 있다. 비가 오는 날이면 마당의 빗물이 빠져나가도록 배려한 구멍으로 짐작되었는데 작은 강아지가 드나든다.

　우리 가족이 1.4후퇴 때 피난을 나와 살던 마을이 면 소재지의 작은 돌담마을이었다. 나는 이 시골 면 소재지에서 초등학교 저학년 시절을 보내었다. 여름밤이면 밤하늘에서 쏟아져 내리는 별의 무리를 볼 수 있었고, 수많은 은하별이 무리 지어 움직이는 모습도 볼 수 있었던 그런 마을이었다. 마을 옆 작은 개울에는 이리저리 날아다니는 반딧불이도 볼 수 있었다. 그리고 냇가 미루나무가 있는 모래밭에는 소똥구리가 소똥을 굴려 가는 모습도 심심찮게 볼 수 있었던 그런 마을이었다. 어떤 때는 무서울 때도 있었다. 달빛도 별빛도 없는 깜깜한 밤에 마을 뒤켠에 있는 상엿집 앞을 지나칠 때면 누군가 뒷머리를 챌 것 같이 전율이 오싹하기도 하였다. 나 어릴 적 살던 마을과 비슷한 마을을 여행지에서 만난 것이다. 마치 내가 이곳에서 살았던 것 같은 착각을 일으켰다.

　내가 그 시절에 살았던 시골은 이제는 그 옛날의 시골이 아니다. 여름밤이면 초등학교 운동장에는 박쥐가 날아다니기도 하였다. 잡아서 구워 먹으면 야맹증이 없어진다 하여 박쥐를 잡겠다고 하늘에 검정 고무신을 높게 던져 올렸던 그 시절의 시골이 아닌 것이다. 칠십 년이라는 세월이 흘러 그때의 면 소재지는 온천으로 개발되었고 옛 흔적은 찾을 수가 없이 변해 버렸다.

　몇 년 전까지 동생 부부는 면 소재지 좀 떨어진 곳에서 산림 관련 사업을 하며 노모님을 모시고 살았었다. 노모님을 찾아뵙는 길에 옛날 우리 가족이 살았던 집을 찾아보았다. 정겨웠던 돌담길은 모두 다 개발에 밀려 없어져 버렸고 당시 머물러 살던 집은 위치조차 알 수가 없다. 돌담 집 마루에서 내다보이던 넓은 개울은 어디쯤인지 없어졌고 작은 개울로 바뀌어 옛 흔적이 조금도 남아있지 않아 도저히 알 수가 없다. 그냥 머릿속으로만 옛날에 살던 그 돌담길 모퉁이의 집이 그려질 뿐이다. 경치 좋은 계곡에는 전원주택에 대형 식당들이 자리를 잡고 있었다. 등산객과 온천을 찾는 관광지로 변해버린 것이다. 칠십여 년이라는 세월은 고려 충신 야은 길재 선생의 회고가와는 전혀 다르게 "산천도 의구하지 않고 돌담마을도 온데간데 없어졌네"라고 노래를 읊조려 보았다.

회고가　야은 길재
懷古歌, 冶隱 吉再
오백년 도읍지　　　 필마
五百年 都邑地를 匹馬로 돌아드니
산천　 의구　　　인걸
山川은 依舊하되 人傑은 간듸 없다
　　　 태평연월
어즈버 太平煙月이 꿈이런가 하노라

　나는 돌담길이 좋다. 대도시의 대로보나 삭은 골님길이 좋다. ㅎㄱ

들이 모여 있는 돌담 사이로 길이 연결되고 그 돌담길을 벗어나면 작은 개울이 있다. 빨래터가 보이고 수변 식물들이 개울을 덮고 수풀 아래로 맑고 청정한 물이 흐른다. 여름이면 잠자리가 날고 밤이면 반딧불이가 반짝이는 작은 개천이 있는 시골이 나 어린 시절의 고향이다. 이제 인생의 황혼에서 그때를 생각한다. 도시에서 나고 자란 손녀들이 나중이라도 할아버지의 이 글을 통해서 순박한 시골의 풍경이 목가적으로 전달되었으면 하는 바람이다.

13
장맛비 단상

> **시94:11** 여호와께서는 사람의 생각이 허무함을 아시느니라.

일에서 손을 놓은 이후 우울한 마음이 가시지 않은 채 무기력하게 집에만 머무르는 시간이 많아졌다. 특별히 준비된 은퇴가 아니었기에 소일거리를 찾기도 쉽지 않다. 마침, 장마철이라 밖에는 세찬 비가 며칠째 계속되고 있다. 지금은 다른 일을 하고 있는, 나를 도와 본부장으로 설계 일을 함께했던 직원이 전화를 걸어왔다. 이런저런 이야기 중에 그 직원이 말했다.

"집에만 계시지 말고 사무실에 나가세요."

"그래야 보유하고 계시는 주식 지분이라도 지킬 수가 있습니다."

"그래? 이러고 있으면 건강만 나빠지겠지?"

"지나온 세월을 정리하는 글이라도 써야지."

아무도 반기는 이 없는 출근길이다. 장맛비가 세차게 내린다. 내리쏟아붓는 장맛비는 운전 길 내내 무념의 시간 속으로, 지나간 과거 속으로 나를 빠져들게 하였다. 나는 비가 오는 날이면 마음이 오히려 차분해짐을 느낀다. 방송에서는 지하차도 침수, 댐 붕괴, 산사태 등이 뉴스 되고 있다.

공기업에서 근무를 하던 때였다. 장마철이면 전국에 건설되고 있는 건설현장과 당사에서 관리를 하고 있는 2만여 임대 주택단지에 대한 안전대책 및 수해 피해 현황을 일과 시작 전까지 매일 사장님께 보고해야 하였다. 건설현장의 피해 현황은 공사관리처에서, 임대자산 피해 현황은 자산관리처에서 경쟁적으로 보고를 해야 하였다.

그때는 지루한 장마가 며칠씩 이어질 때도 있었고, 하루에 500㎜ 이상의 집중폭우가 내릴 때면 논밭이 잠기고 아파트 단지의 지하층 상당 부분이 물에 잠기어 물난리를 겪기도 하였다. 이럴 때마다 신속하게 알리고, 후속 대책을 보고하여야 했다. 어느새 40년이라는 세월이 흘러 버렸다. 지금 생각해 보면 참 열심히 살았다는 생각을 하게 된다. 정확한 피해 상황을 파악고자 밤을 새우며 일을 해야 했다. 걱정을 앞세우면서 밤중에 세차게 내리는 빗줄기를 바라보며 아무런 생각 없이 물명 때리듯 굵은 빗줄기에 빨려들던 때가 엊그제같이 생생하다. 그런데 이제는 일선에서 물러나 어느 누구도 알아주지 않는 퇴물이 된 이 기분은 무엇인가? 버리지 못한 욕심의 잔재인가?

 어린 시절에 운동장에서 놀고 있노라면 한바탕 지나가는 소낙비를 경험한 적이 있을 것이다. 운동장 저 끝에서 이쪽 끝으로 쏟아지는 소낙비를 뒤로하고 두두둑 떨어지는 빗소리를 들으며 달음박질하여 교실 처마 밑으로 비를 피했던 때가 있었을 것이다. 하루 종일 비가 오는 날이면 힘차게 내리는 빗소리에 잠시나마 복잡했던 생각들을 내려놓게도 한다. 빗소리가 가슴을 적셔 내린다. 장맛비는 장맛비대로 소나기는 소나기대로 가랑비는 가랑비대로 알게 모르게 가슴을 적셔 내린다. 지나간 시간들이 그리움으로, 추억으로 가슴속을 축축이 적셔 내린다.
 중학 시절의 서부 경남지방은 망종을 전후로 보리 수확을 한 다음에야 그 논을 갈아엎어 벼 모내기를 해야 하였다. 이 시기에는 조무래기 중학생들도 모내기 봉사를 해야 하였다. 보리 수확이 늦어 이른 장마와 겹쳐 모내기를 해야 할 때도 있었다. 요즈음 같으면 상상도 못 할 일이지만 당시에는 어린 중학생들이 장맛비를 흠뻑 맞으며 모내기 봉사를 했었다. 모내기를 마치고 나면 논 주인은 콩 볶은 것을 한 움큼씩 아이들 손에 쥐여주며 고마움을 표하였다. 그것은 아이들에게는 더없이 소중한 간식이었다. 덕유산골짜기에서부터 내려오는 불어난 물은 황강에 황토물이 넘쳐나게 하였다. 송아지가 떠내려오고, 돼지가 초가지붕에 매달려 내려오는 물난리도 보았던 것 같다.

　어느 해 여름 장마철에 진흥왕순수비가 있는 북한산 비봉과 향로봉을 오른 적이 있었다. 사모바위 문수봉을 되돌아올 목적으로 출발한 산행이었다. 출발 시에는 그다지 큰비는 아닐 것 같아 산행을 시작했다. 그런데 비봉 5부 능선쯤부터 먹구름이 몰려오더니 번개 천둥을 동반한 굵은 장맛비가 세차게 내렸다. 굵은 빗속을 뚫고 힘겹게 비봉을 올랐지만 구름 속에 파묻혀 아무것도 보이지 않았다. 그날 뉴스에서는 서울 곳곳에서 물난리가 났다는 보도가 있었다. 많은 생각들이 장맛비가 쏟아지는 출근길에 한순간 스치듯 지나갔다. 이러한 세월들도 나를 스쳐 지나간 시간들이다.

　장맛비는 어느새 걷히고 이글거리는 태양은 살짝 내리쬐다 다시금 먹구름이 덮이곤 한다. 검고 두터운 구름이 낮게 드리우고 우중충한 날씨가 계속된다. 지구촌의 기후변화 때문일까? 국지적 폭우로 순식간에 물바다가 되고 산사태도 일어난다. 이제는 내게 일어났던 모든 일을 내려놓고 지난 세월을 글로 정리라도 해야겠다. 주님, 감사합니다. 글을 쓸 수 있게 예비하심을 감사합니다.

14
아리랑 가락
구슬픈 정선 소금강

> **시8:9** 여호와 우리 주여, 주의 이름이 온 땅에 어찌 그리 아름다운지요.

　　50년 전에 이곳을 찾았을 때에는 비가 추적추적 내렸던 그런 날씨였다고 기억된다. 절벽 길을 걷고 있으면 신작로 쪽으로 낙석이 툭 하고 떨어지는 그런 길이었던 걸로 기억된다. 그 옛날 정선 소금강의 신작로는 그런 길이었다. 층층 절벽의 낙석 위험으로 버스 운행도 제한했던 그런 길이었다. 지금은 포장과 낙석 구간에 보호망 안전조치가 되어 눈으로 보기에도 그다지 위험하다는 생각은 들지 않았다. 그 옛 널을 회상하면서 '자가용도 없고 교통이 불편하였던 그 시절에 어떻게 이런 오지를 여행하였을까?' 하고 생각하니 스스로가 신기하기도 하였다.

정선 화암 8경은 화암약수, 거북바위, 용마소, 화암동굴, 화표주, 소금강, 몰운대, 광대곡 이렇게 8곳이다. 화암약수의 물맛은 톡 쏘는 맛이 강한 탄산수와 떨떠름한 오줌 맛이 함께 느껴졌다. 결코 더 마시고 싶은 마음은 들지 않았다. 그러나 위장과 피부에는 좋다 한다. 거북바위는 8경의 중심에 위치하여 이 고장의 수호신적 존재이었고, 그 아래에 위치한 용마소는 계곡물이 흐르다 머물러 沼를 이루고 있었다. 화암동굴은 금광 굴진 중에 발견된 천연동굴을 연계하여 개발한 테마형 동굴이다. 어린이와 노약자들도 무리 없이 체험할 수 있게 개발된 것이 좋아 보였다. 화표주는 바로 아래쪽에 암벽 위의 뾰쪽하게 깎아 세운 듯한 돌기둥이 화표주라고 새겨져 있다. 신선들이 이곳에서 짚신을 삼았다는 전설도 있다.

몰운대 입구에는 고종 25년에 정선 군수로 부임한 오홍묵이 이곳 선경에 반하여 사람들이 세속을 떠나 신선처럼 사는 것 같다고 노래한 한시가 적혀있다.

몰운고대출반천
沒雲高臺出半天　　몰운의 높은 대가 반천에 솟았는데

비공일상절풍연
飛筇一上絶風烟　　지팡이 날려 올라가니 풍연을 벗어났네

반타부감임류헐
盤陀俯瞰 臨流歇　　굽어보니 굽이진 비탈은 강물에 닿아 다 하였고

위각회첨 의두현 危角回瞻 倚斗縣	돌아보니 우뚝한 바위 끝은 북두에 매달렸네
차지거인 진탈속 此地居人 眞脫俗	이 땅에 사는 사람 세속을 떠났으니
금래태수 사성선 金來太守 似成仙	이번에 온 태수는 신선이 된듯하네
류명욕천 유랑수 留名欲搢 劉郞手	이름 남겨 류랑에게 부탁하는데
약비귀부 교사현 若比龜趺 較似賢	그래도 비(碑)에 비하면 나은 것 같다.

1888年 5月 10日 知郡 吳弘黙
지군 오홍묵

몰운대는 화암 8경 중 제7경으로 최고의 경관으로 꼽힌다. 시인 묵객들이 수도 없이 찾아와 시를 노래하며 신선 놀이를 즐겼다는 곳이라 한다. 정선 소금강을 따라 오르다 보면 몰운대에 닿게 되는데 층층 바위 절벽 위에는 평평한 공간이 조금 있고 계곡 절벽 위 소나무가 운치를 더한다.

정선지방은 50년 전에 산을 좋아하는 절친과 청량리에서 야간열차로 밤을 새워가며 가보았던 고장이다. 오지 중의 오지였고 구슬픈 정선 아리랑 가락을 들을 수 있었던 기억만이 남아 있다. 세월이 지나 아내와 정선 소금강을 여행하였다. 지금은 세상에 없는, 이 친구의 소개로 만난 평생의 반려자인 아내와 옛이야기를 나누며 화암 8경을 탐방하였다. 그 옛날 이곳을 여행했을 때는 외로움과 그리움으로 꽉 찬 느낌을 받은 곳이기도 하였다. 밭갈이하는 농부의 "이랴, 이랴" 하고 소몰이하는 소리는 애환과 애절함이 묻어나는 늘어진 가락조의 소리로 기억되는 고장이었다.

沒雲臺(몰운대)는 수백 척의 암석을 깎아 세운 듯한 암벽 층의 절벽 아래 커다란 반석이 펼쳐져 있으며, 맑은 계곡물이 흘러 옛부터 시인 묵객의 발길이 끊이지 않았다 한다. 천상 선인들이 선학을 타고 내려와서 시흥에 도취되었다고 전해지며, 구름도 아름다운 경관에 반하여 쉬어 갔다는 곳이다. 맞은편의 廣大谷(광대곡)은 태고부터 인적을 거부한 돌과 물과 산의 신화가 한데 얽힌 천년의 선경을 그대로 간직하고 있는 신비의 동천이라 한다. 우람한 대자연의 비경으로 '부정한 속세 사람들의 출입은 禁(금)한다'는 전설이 있는 곳이다. 그래서일까? 첩첩산중으로 이어진 깊은 산속의 고요하고 적막함은 두려움까지 느껴지기도 하였다.

정선지방에서는 그 옛날 산속에서 화전민으로 살던 옛 문화를 보전하려고 노력하는 모습을 볼 수 있었다. 대마의 껍질을 벗겨 지붕을 이은 저름집, 소나무를 쪼갠 널판으로 지붕을 얹은 너와집을 비롯하여 굴피집, 돌집, 귀틀집 등 이 고장 고유의 전통 민가가 재현되어 있었다. 전해 내려오는 민요는 고려가 멸망할 때 이를 한탄한 송도의 선비들이 이곳으로 세상을 피하여 숨어들어와 지어 부른 곡에서 비롯되어졌다고 알려져 있었다. 구성진 곡조에 부르는 사람마다 삶의 애환을 담은 가사가 많이 남아 있다 하였다. 시운을 한탄하고 쓰라린 회포를 달래며 부르는 노래라 한이 서려 있었다. 정선 아리랑의 가락이 구성진 곡조를 지닌 것도 이러한 한탄과 시름 때문이라는 것이다. 선비들이 송도에서 두문불출하다 정선으로 은거지를 옮겨 거칠현동과 백이산 근처를 거처로 삼고 아리랑 가락에 그들의 심정을 노래했다 한다.

고려 후기에 무신정권 등장과 몽골의 침입, 내란, 민생 등 여러 가지 문제로 쇠망의 길을 걷게 되는 당대의 사회상. 이런 때에 송도의 선비들이 어쩔 수 없이 이 깊은 오지로 숨어들어 세상과 등지고 살아온 고장이어서일까? 지금은 포장도 잘되어 있고 캠프장도 있어 휴양지같이 개발이 되어 있다. 하지만 소금강의 아라리 길은 지금도 고요하고 적막한 회한이 서린 길이라고 생각되어졌다. 아내와 나는 취향이 조금은 닮은 데가 있어 이런 오지의 자연을 좋아한다. 그럼에도 深山幽谷의 신비하고 적막한 고요함 때문이었을까? 같이 동행하고 있는 내내 아무 말이 없었다.

15
戰爭(전쟁) 흔적 그대로의 只心島(지심도)

> **겔38:18** 그날에 곡이 이스라엘 땅을 치러 오면 내 노여움이 내 얼굴에 나타나리라, 주 여호와의 말씀이니라.

"카톡, 카톡" 스마트 폰이 열심히 울린다. 웬 카톡이 이렇게 요란하게 울리나 싶어 보았다. 대학에서 교수로 재직하다 정년을 맞은 후배님이 아프리카를 여행하면서 그날의 여행지 모습 사진을 전송한 것이었다. 아마도 아프리카 여러 나라를 여행 중인 것 같았다. 덕분에 안방에서 아프리카의 다양한 동물과 사막을 볼 수 있어 좋았다. 하루하루를 밋밋하게 지내는 나로서는 그와 같은 여행의 기회가 주어진다 해도 체력이 따르지 못하여 엄두도 못 낼 일이다.

며칠 뒤 집에서 가까운 성복천을 산책하고 있는데 전화벨이 울렸다. "형님 요즈음 어떻게 지내세요? 붓글씨는 잘되세요? 시간 좀 내세요. 거제도에 지심도라는 작은 섬이 있는데 지금 동백꽃이 한창이랍니다. 바람도 쏘일 겸 같이 다녀오시지요." 매제로부터의 전화다. 매제 또한 오랜 교직 생활을 마치고 정년 퇴임을 하였다. 옆에서 듣고 있던 아내는 은근히 같이 가자고 압박이다.

엊그제까지 오던 비는 그치고 날씨가 청명하다. 3월 초임에도 바깥 날씨는 꽃샘추위로 제법 쌀쌀하다. 행여 바닷바람이 춥지 않을까 염려되어 겨울 패딩을 배낭에 챙겼다. 4시간 이상 달려야 하는 곳이라 새벽같이 일어나 출발하였다. 대전~통영 간 고속도로를 달려 통영을 지날 쯤에는 작은 섬들이 점점 떠 있는 바다 풍경에 기분이 새로워진다. 장승포 선착장 터미널 주차장에 도착하였다. 평일이라 그런지 그다지 붐비지는 않았는데 바다낚시를 떠나는 조사님들의 모습이 많이 보였다. 이들은 낚싯배로 따로 떠나는 것 같았다.

지심도는 하늘에서 내려다본 섬의 모양이 마음 心자 모양이라 하여 붙여진 이름이라 한다. 장승포에서 지심도를 오가는 배편은 1시간 간격으로, 운항 시간은 15분 정도 소요되었다. 지심도로 향하는 뱃길 좌측으로는 망망대해 수평선이 아득하고 우측으로는 갯바위가 이어졌다. 여기저기 조사님들의 모습이 한려해상국립공원 시작점의 수려한 경치를 더하였다. 지심도 선착장에 도착하였다. 커다란 바위에 앉아 있는 인어상이 첫눈에 들어온다. 섬마을 뒷산에 수호랑이가 살

앉다는데 해변에 어슬렁거리다가 인어를 보는 순간 사랑에 빠져 사랑을 고백했다 한다. 인어는 지심도 바다 밑 용궁에 살던 공주라는 것이다. 서로의 사랑을 용왕님께 허락을 받아 오겠다던 인어공주는 끝내 오지 않았고 호랑이는 이 바위에서 기다리다 굶어 죽었다는 전설이다.

　범바위를 지나 가파르게 오르는 길목의 동백나무는 사람의 손길이 닿지 않은 자연 그대로의 모습이다. 숲으로 덮여 나름의 운치를 더해주고 있었다. 오르는 탐방로 초입에는 야외식당이 경치가 좋은 곳에 위치하여, 쉬면서 식사를 하고 가라며 방문객들을 요란스럽게 호객하였다. 지금까지 식사를 하지 않은 터라 식사부터 하고 섬을 둘러보기로 하였다. 육지보다는 조금 비싼 편이었지만, 지심도의 먼 바다를 바라보면서 멍게와 해물파전에 막걸리 한잔을 나누는 것도 괜찮겠다 싶어 낭만을 느껴보았다.

　섬을 빨갛게 덮었을 것이라고 상상했던 동백꽃은 거의 볼 수 없었다. 樹齡(수령)을 알 수 없는 오래된 동백나무가 둘레길 내내 숲을 이루었다. 탐방하는 동안 섬 전체 곳곳에 일제 강점기 때 남긴 군사시설의 흔적이 그대로 남아 있음을 볼 수 있었다. 일본군 관사가 남아있었고 해안포대와 포대관측소, 탄약고 등의 흔적이 그대로 남아있었다. 간혹 민간의 거주 흔적도 볼 수 있었다. 조선시대에는 열 가구 정도가 살았다 한다. 일본군에 의해 섬에서 쫓겨났던 원주민이 해방 이후에

돌아와 거주하면서 거제시와 소유권 다툼도 있었다 한다.

　탐방은 2시간 정도로 충분하였다. 지금은 거제시에서 관리하고 있어 게양대에는 태극기가 높이 펄럭이고 있었다. 기대했던 동백꽃은 간혹 띄엄띄엄 보일 정도였고 일행들은 만개한 동백꽃을 보지 못해 서운한 눈치였다. 그러나 이곳이 2차 세계대전 당시에는 군사 요충지였음을 확인한 것만으로도 값진 탐방이었다는 생각을 하게 했다.

　탐방 시간이 짧았던 탓에 계획하였던 일정보다 시간이 많이 남게 되었다. 다음 행선지를 고민하다가 거제도 포로수용소 유적공원을 둘러보기로 하였다. 6.25 전쟁포로 십칠만여 명의 포로를 수용했던 곳이라 한다. 지금은 세계적인 전쟁포로 관광명소로 각광을 받고 있다는 것이다. 전시관을 둘러보면서 가슴 아프게 느꼈던 것은 한 울타리의 수용소 내에 좌, 우익사상의 포로들이 패가 나뉘어 거칠게 싸웠다는 사실이다. 거주 막사도 각각으로 한쪽은 태극기 한쪽은 인공기를 내걸었다. 반공포로 석방과 곧이어 휴전이 되면서 좌익사상의 포로들은 북으로 우익사상의 포로들은 자유를 선택하여 남쪽에 남아 살길을 찾아 떠났다 한다. 끝나지 않은 조국 분단의 역사에서 '역사의 진실은 무엇일까?'를 생각하게 하였다.

　동백꽃이 만개하여 섬 전체를 뒤덮었을 것을 상상하며 떠났던 지심도 탐방 길 그곳에서 섬 전체에 아직까지 남아있는 암울했던 일제 강점기 때의 흔적을 보았다. 그리고 해방을 맞으면서 우리 민족이 주변 강대국들의 영향력 하에 좌우 이념으로 갈라져서 6.25 전쟁을 겪어야 했던 슬픈 역사를 공부하는 작은 역사 기행이 되었다.

16
나는 지금 어디에 있는가?

> **창3:9** 여호와 하나님이 아담을 부르시며 그에게 이르되 네가 어디에 있느냐.

조용히 눈을 감는다. 명상에 잠겨 본다. 한참이 흐르고 사방 멀리 끝없는 허허벌판에 외롭게 서 있는 나를 본다. 주변에는 아무것도 보이지 않는다. 그 누구를 기다리는 것도 아니다. 어디로 가야 하는지 정해진 것도 없다. 그냥 서 있다. 태양이 내리쬐며 온 대지가 열기로 이글거린다. 이내 어두움이 내려앉고 빗줄기가 세차게 부어 댄다. 하늘에 구멍이 뚫린 듯 세차게 내리는 빗소리가 眞理(진리)의 신비로움으로 다가온다.

주변이 점점 훤해진다. 메마른 땅에 풀이 나고 나무가 자라고 숲이 우거지고, 새소리 바람 소리 물 흐르는 소리가 들린다. 하늘에는 무수한 별들이 쏟아지듯 경이롭다. 소리 없이 눈이 내리고 천지는 하얀 눈으로 뒤덮인다. 사방이 고요하다. 나는 지금 그곳에 서 있다. 알 수 없는 힘에 의해 이 세상에 보내졌고 그 힘의 보살핌으로 이 세상을 살아왔다. 어느 누구도 자신의 의지에 의하여 이 세상에 온 사람은 없는데, 지금의 세상을 떠나 자신의 본향으로 가고 싶어 하는 사람도 없다. 인생의 황혼에서 지금 나는 어디에 있는가? 어디 즈음에 있는가?

여호와 하나님이 아담을 찾았다. "네가 어디에 있느냐?" 하였을 때 아담은 하나님이 먹지 말라는 생명나무의 열매를 먹음으로써 자신이 벗었음을 알게 된 것이 두려워 "숨었나이다"라고 대답하였다. 여호와 하나님은 왜 아담을 찾았을까? 벌을 주려고 찾은 것인가? 지은 죄를 덮어주려고 찾은 것인가? 나는 무슨 죄를 지어 이 세상으로 숨어들어 있는 것인가? 어떤 상급이 있었기에 이 아름다운 세상에 포상이 된 것인가? 나를 이 세상에 있게 한 眞理(진리)이신 하나님은 나를 찾기는 하는 것인가? "너는 죄를 지었으니 본향으로 돌아와 벌을 받아야 한다"라는 것은 아닐까?

평생 몸담아 왔던 사업체의 持分(지분)의 半(반)을 후배에게 무상으로, 경영권과 함께 일체를 물려주었다. 창업자로서 선배로서 존중받을 거라

기대했던 욕심은 그것이 어리석음임을 알게 되고 후회가 되었다. 나를 도와 함께 했던 직원들은 퇴사하고 이제 두 명만 남았다. 새 직원으로 바뀌었다. 모든 것을 내려놓고 물러나라고 노골적인 요구를 서슴지 않았다. 외부와의 정보도 자연히 단절되고, 이제는 그간 설계일로 만나야 했던 많은 사람들 중 누구도 연락이 없다. 간간이 직장의 동료들, 대학 동기들의 전화만이 뜸하다. 어색하게 변해 버린 사업체의 사무실 한편에 마련된 작은 공간에 나는 지금 앉아 있다. 지금까지 지내 온 나의 삶을 돌아보며 이 험한 세상을 살아온 나의 가치관에 대하여 생각해 본다. 온갖 권모술수와 비리가 난무하는 사회가 만들어내는 꼭두각시 같은 일상에서 최선의 삶이 무엇이었을까? 도무지 그 답을 얻을 수가 없다. 내가 걸어온 삶의 방향이 맞긴 한 것이었을까? 아무것도 아는 것이 없다. 삶에 대한 방향 감각이 없다. 이제는 나이 들어가며 추한 모습이 아니기를 바랄 뿐이다.

세상은 항상 선과 악이 함께 공존함을 보아 왔다. 부패하고 윤리 도덕적으로 눈살을 찌푸리게 하는 사람들이 더 잘사는 모습도 보아 왔다. 청탁과 부조리가 로비와 교제라는 옷으로 포장되어 난무하는 사회를 보아 왔다. 나 자신이 얼마나 어리석은가를 알면서도 그럴 용기가 없어 그냥 그렇게 살아왔다. 이것을 다행이라고 해야 할까? 견뎌온 세월이 대견하다고 해야 할까?

오늘은 어제의 내가 아니다. 자꾸만 과거에 매달려 있는 나를 보게 된다. 참 어리석고 안쓰러운 모습이다. 세상은 변하는 것이 아무것도 없는 것 같은데 나만 변하고 말았다는 생각을 지울 수가 없다. 사람들은 내가 나에 대해 생각하는 것의 만분의 일도 나를 의식하지 않는다. 그것이 현실이다. 어쩌다 안부 전화를 받는다. 오랜만에 받는 안부 전화다. 어딘가 모르게 어색하다. 회사가 참 잘 된다는 소식을 들었습니다. 이런 인사까지 곁들어 들으면 참으로 불편하다. 분명 나의 사업체였는데 회사가 잘되는 것이 참 좋은 일인데 불편하다. 욕심이다.

갑자기 허허벌판에 세찬 겨울바람이 몰아치는 듯하다. 빨리 이러한 환경에서 벗어나자. 모든 것을 내려놓았다고 생각했는데 그렇지 못하다. 아직도 더 내려놓아야 한다는 생각을 하게 된다. 점점 바보가 되어가는 느낌이다. 사람들의 눈에서 점점 멀어지고 그들의 기억에서 존재 자체가 지워지는 것 같아 안타깝다. 어차피 모든 것이 나이가 들면 누구나 받아들여야 하는 자연의 순리인 것이다. 나만 그런 건 아닐 거라고, 주변의 사람들도 누구나 은퇴 이후에는 모두 마찬가지일 거라고 위로해 본다. 늘 보는 자연도 계절이 차면 변하고 봄에는 새로운 기운이 솟아 싱싱한 모습으로 세상이 모두 내 것인 것처럼 만물을 덮어 버린다. 여름을 지나 가을이 되면 겨울이라는 동토의 모습으로 변해 버리는 것이다.

일주일에 반나절은 서예 교실에 앉아 있다. 건축설비설계를 이끌던 자리에서 서예의 자리로 옮겨 앉아 있는 느낌이다. 늦은 나이에 서예는 왜 하는 것이며 무엇을 얻기 위함일까? 그리고 이틀은 아무도 관심을 두지 않는 사무실에 앉아 있다. 독서를 하고 글을 써본다. 믿음이 부족한 채 주일 하루 안식은 열심이다. 나의 존재가 무엇인가를 생각한다. 이 세상의 산천을 다니며 잠시 주말여행을 하는 것도 의미가 있겠다는 생각을 한다. 독서를 하고 보고 느끼며 기억에 있는 것들을 글로 남기는 것도 괜찮아 보인다. 내가 이런 글을 남겨도 누구도 관심이 없음도 안다. 더러는 읽지도 않을 것이다. 그래도 그냥 기록으로 남기고 싶다. 세상이 다 그런 것임을 교훈하고 싶다. 지금 이 시간의 소중함에 감사한다. 지금 나와 함께하는 사람들을 사랑하자. '지금이 가장 소중하다'라고 말했던 톨스토이의 말이 생각난다. 지금을 감사한다.

맺는말

　처음 직장에 취업을 하였을 때 모든 것이 낯설고 생소하였다. 공기업에 취업이 되어 내게 부여된 설비설계업무에 빨리 익숙해야지 하는 조급한 마음에 선배들의 설계하는 모습을 훔쳐보며 조바심이 들기도 하였다. 그리고 차츰 업무에 익숙해지면서 우리나라의 설비설계의 역사가 이제 막 시작하는 단계임을 인지하게 되었다. 나름의 자부심을 갖고 공부를 했던 것 같다.
　어느 정도 설비업무가 익숙해질 즈음 보직이 이동되어 감사실에 근무하게 되었다. 목포지방의 현장 감사를 갔을 때였다. 함께 출장한 선임이 '새벽 어시장에 가 보지 않겠냐?'라고 하는 것이다. 얼른 내키지는 않았으나 선임의 다그침에 어쩔 수 없이 밤 세 시쯤에 새벽 어시장을 가 보게 되었다. 어시장은 부산하고 생동감이 넘쳐났다. 참으로 열심히 살아가는 삶의 현장을 보았었다. 어민들이 치열하게 살아가는 삶의 현실을 보며 묘한 감정이 감싸왔다. 온몸에 전율이 들었다. 나도 저들처럼 나의 분야에서 열심히 살리라. 그러나 지나고 보니 아무런 계획 없이 무턱대고 열심히만 살아왔다는 생각이 든다.

'인생이 무엇이다'라는 사고도 없이 열심히만 살려고 했던 것 같다.

  세월과 더불어 '열심히 살아왔다'라고 생각하는 삶의 일상에서 은퇴하고 경영에서 손을 놓아야 하였을 때 먹먹한 허전함이 밀려왔다. 평생을 한 분야의 일에만 몰두해 왔고, 무슨 소명을 받은 천직인 양 자부심으로 일을 해왔기 때문일 것이라고 스스로에게 위로해 본다. 하지만 경영에서 물러난 순간부터 사업과 관련된 모든 환경이 단절되고. 괜찮은 사람의 노년을 생각했던 욕심은 또 다른 욕심과 부딪친다. 그러면서 스스로 좋은 일이라 단정했던 생각이 어리석음임을 알게 되어 후회되었기 때문이다. 이러한 심적 상태에서 무료하게 시간을 소비하는 나를 용납할 수가 없어, '지나온 삶의 일상에서 보며 느끼며 생각했던 세상의 모습을 글로 남겨보자'는 욕심이 생겨났다.

  나는 전문적으로 글을 쓰는 사람이 아니다. 그냥 그때그때 메모로 끄적거려 두었던 내용들을 다듬어 보기로 한 것이다. 재수를 하던 시절 친구와 시집을 발간한 적이 있었다. 당시에는 인쇄된 책자가 아니고 밀납 원지에 친필로 긁어 잉크를 발라 롤러로 밀어 등사를 하고 삽화를 곁들여 만든 몇 쪽 안 되는 얇은 책자였다. 제호는 '들섬'이었다. 내가 살던 동네의 논 한 가운데에 있는 작은 산 둔덕을 그렇게 불렀다. 논 들판 한가운데 있는 육지라 하여 불렀던 이름이었다. 이후 어렵게 대학을 진학하고 생활비를 벌기 위하여 가정교사로 근근이 버텨 내고 있을 때였다. 원고료를 준다는 대학신문 광고를 보고 '갯벌을 걷는 뜻은'이라는 시를 기고하여 그 원고료로 신발을 샀던 기억이 잊혀지지 않는 추억으로 남아있다.

  돌이켜 보면 한때의 문학적인 관심이 먹고 사는 생업에 묻혀버린 것인지 아니면 이과에 더 소질이 있었는지는 알 수 없다. 문학과는 거리가 먼 기계공학을 전공하였고 생업으로 선택되어진 설비설계 분야가 평생의 삶이 되었다. 앞서 출간한『삶이 내게 부여한 소명』에서 수록하지 못했던 나의 가치관, 나의 정체성, 나의 윤리관에 대하여 누가 알아주든 않든 수필 형식으로 나의 모습을 남겨보는 것이다. 이것이 은퇴의 공간에서 해야 할 나의 버킷리스트라고 생각한다.

  사람들은 저마다 자신만의 잣대로 생각하고 판단하는 세상에서 삶이 어디까지가 진실이고 허상인지 알 수는 없지만, 결코 만만치 않은 것이 인생이다. 특별히 윤리적 삶을 주장하는 별다른 철학이 있는 것도 아니다. 재미로 읽혀질 내용이 아님도 안다. 얻어야 할 내용이 없을 수도 있다. 그러나 삶의 가치를 어디에 두고 살아왔나를 생각하며 나는 내가 지내 온 나의 삶에 감사한다.

歲月 /세월/

초판인쇄 2025년 06월 16일

지 은 이 김부길
발 행 인 오효진
편 집 인 김웅기
디 자 인 백미숙

펴 낸 곳 출판사 북새바람
문   의 050-4866-1015
팩   스 0504-140-1015
이 메 일 hj3733@naver.com
등록번호 제2017-000014호
신고일자 2017년 8월 22일

ISBN 979-11-988825-4-7 (03810)

※ 이 책의 무단전재와 무단복제를 금하며, 책 내용의 전부 또는 일부를 이용하려면
   반드시 저자의 동의를 받아야 합니다.
※ 이 책의 판매처는 온오프라인 서점 및 출판사에서 바로 구매하실 수 있습니다.